日本経済の見えない真実

低成長・低金利の「出口」はあるか

門間一夫
Momma Kazuo

The Invisible Truth
about the Japanese Economy
Is there an "Exit" from Low Growth and Low Interest Rates?

日経BP

日本経済の見えない真実

低成長・低金利の「出口」はあるか

はじめに

岸田政権は「新しい資本主義」を掲げ、「成長と分配の好循環」を目指す。国民はあまり期待していない。それは「新しい資本主義」という考え方がわかりにくいからでもなく、中身に新鮮味が乏しいからでもない。もっと根本的なところで人々は何となく感じている。

1996年度版の『経済白書』のタイトルに「改革」の文字は既にある。『経済財政白書』と名前が変わった2001年度版からは、5年連続で「改革なくして成長なし」のタイトルが使われた。四半世紀以上もの長きにわたり、政府は構造改革や成長戦略に取り組んできた。アベノミクスに期待を寄せた人たちもいただろう。それらすべてを経て、今の日本がある。「誰が何をやっても日本はこんなものだろう」と国民が感じているとしても、おかしくはない。

それは必ずしも悲観ではない。内閣府の「国民生活に関する世論調査」によると、今の生活に「満足」と答える人の割合は、近年は歴史的な高水準にある。人々は、低成長を積極的に肯定しているわけではないだろうが、現実を等身大で受け止め相応に順応してきているようにも見える。

一方、経済論壇では、「失われた30年」といった自嘲的な捉え方が今も定番である。企業にも個人にも、そして何より政府に対し、奮起を促す論調が多い。奮起を促すのは悪いことではないが、「今までさぼっていたのだから、ちゃんとやればできるはず」というニュアンスが交じっているとすれば、おそらくそれは違う。

日本の生産性上昇率は、他の先進国に劣っているわけではない。人口の減少・高齢化が急速に進行中であること以外、日本は普通の先進国である。もともと普通の先進国なのだから、ここから成長を高めるということは、卓越した先進国になるということである。それは奮起すればできるなどと気軽に言える話ではない。

より高い成長を諦めるべきではないが、そうならない可能性も意識して、現実的な経済政策のあり方を模索すべきなのではないか。本書の根幹にはそういう問題意識がある。

経済学はミクロ経済学とマクロ経済学に分類されることが多い。ミクロ経済学は、個人や企業の経済行動を分析する。考察すべき相互関係の範囲が絞られており、工夫次第でデータを多くとれる場合もある。それゆえに実用に適する研究が多くあり、マーケティングや制度設計などに応用されている。

一方、マクロ経済学は、経済成長、失業率、物価などを扱う。経済全体はひとつの大きな「システム」として動いているので、様々な事象の因果関係や影響度を解き明かすのは容易ではない。データも限られるので、他国や過去のできごと、今起きていることへの洞察が、導かれる結論に大きく影響する。しかも、ミクロの洞察だけではマクロの理解は難しい。精緻《せいち》に見える理論モデルでも、特定の世界観が入り込むことは避けられない。

それでも学問は、その秩序が大切にされる。その時代までに積み重ねられてきた知見は、よほど良い代替案がなければ、塗り替えられることは少ない。高齢化、グローバル化、低インフレ、大幅資金余剰など、教科書にない条件に長く支配されている日本経済に、頼れる羅針盤は乏しい。政府や中央銀行の経済政策は、限られた知見に基づく試行錯誤の連続である。

中長期的な経済成長を確実に高める方法があるなら、透明性のある議論で世論の支持を得て、既得権益も乗り越えることができるだろう。しかし、現実にあるのは不確実性を伴う処方箋や仮説だけであり、懐疑論や反対論にも一理ある場合が多い。それを突破するのも政治の役割かもしれないが、専門家の間でさえ意見が割れる政策を、政治の責任で「思いっきり試す」ことは簡単ではない。民主社会においては、おそるおそる、いろいろなことを試してみるしかないように思う。

近年の経済政策で「思いっきり試せた」のは、アベノミクスの金融政策である。それが時の学問からの薦めでもあり、打破すべき既得権益も少なかったからであろう。やりやすいから試せたわけであるが、やりやすいことから得られる成果は限られる。

本書は、中長期かつマクロ的な視点から、金融政策、財政政策を含めて、日本経済を論じたものである。あくまで筆者の見解を述べたものであり、事実の整理や標準的な解説は最低限にとどめた。あまり言われていないことや通説と異なる内容が、結果的に多くなった。より正統的ないし体系立った日本経済の理解には、大守編（2021）、小峰（2019）、鶴ほか（2019）、福田（2018）などをお薦めする。

筆者自身、できるのは精々論点の整理や問題点の指摘までであって、有効な代替案にはたどり着けない。ただ、問題の性格や難しさを読者に知ってもらうことにも、意味はあると考えた。本書のタイトルを『日本経済の見えない真実』としたことには、そのような思いを込めている。

筆者は2016年まで日本銀行に在籍した。金融政策の実務を担当していた時期もあるが、その時期に関係する部分を含め、日銀の政策に関する記述は現時点における第三者の目で書いた。異次元緩和には日銀在籍中も関わらなかったので、事実以外の記述はすべて筆者の解釈である。政策決定者たちが本当にどう考えていたのかは（あるいは今どう考えているのかは）、公式文書でわかること以外は、筆者にもわからない。

異次元緩和よりも前の金融政策については、当事者の立場から記録・考察されたものとして白川（2018）を推薦する。異次元緩和を理論的な側面を含め丁寧に解説したものとしては早川（2016）が良い。より一般的に近年の金融政策を巡る標準的な考え方については翁（2013、2022）が有益である。

以下、第1章、第2章では、アベノミクスの時期を中心とした観察を基に、日本経済の現状認識と政策的な含意について考察する。第3章では異次元緩和について述べ、第4章ではより一般的に金融政策の限界について述べる。第5章は、低成長・資金余剰時代の財政政策に関する試論である。

日本経済の見えない真実

目次

第2章 正しい「成長戦略」の難しさ

第3章　2％物価目標と異次元緩和

第4章 強まる金融政策の限界

第5章 重要性を増す財政の役割

第1章

アベノミクス景気の日本経済

（1－1）

金融政策の大転換

中央銀行の独立性と民主主義

２０１２年12月、自民党が衆議院議員総選挙で大勝し、３年３か月の下野に終止符を打って政権を奪還した。その時に自民党総裁だった安倍晋三氏が首相に就任し、選挙公約のアベノミクスを直ちに始動させた。アベノミクスとは、①大胆な金融政策、②機動的な財政政策、③民間投資を喚起する成長戦略、のいわゆる「三本の矢」からなる経済政策である。このうち、アベノミクス初期に圧倒的な存在感を放ったのは、①の大胆な金融政策であった。一見これは不思議なことである。政府の仕事は財政政策や成長戦略であり、金融政策は日本銀行（日銀）の仕事である。日銀は政府の一部ではない。大胆な金融政策を首相が語ることは、「日銀の独立性」と矛盾するのではないか。

この話はそう単純ではない。中央銀行の独立性は、インフレが人々を苦しめた歴史を踏まえ、人類の知恵として根付いた考え方である。政治は大衆迎合的な政策でインフレを引き起こす傾向があるので、中央銀行は政治から独立して「物価の番人」であるべきだとされる。しかし、民主主義国家で中央銀行の完全なる独立性は、本質的にありえない。中央銀行の独立性とは、おのずから微妙なバランスの上に立つ考え方であり、各国とも不断の試行錯誤を今も続けている。

現在の日銀法は、1998年4月に施行された。その第3条には「日本銀行の通貨及び金融の調節における自主性は、尊重されなければならない」と規定されている。「通貨及び金融の調節」とは金融政策のことであり、「自主性」とは独立性のことである。

しかし、すぐあとの同条第2項において「日本銀行は、通貨及び金融の調節に関する意思決定の内容及び過程を国民に明らかにするよう努めなければならない」とも書かれている。金融政策は国民への説明責任が求められるのである。説明すればよいということではなく、国民から一定の理解を得るところまでが責任の範囲だと考えられる。

さらに次の第4条には、「日本銀行は、その行う通貨及び金融の調節が経済政策の一環をなすものであることを踏まえ、それが政府の経済政策の基本方針と整合的なものとなるよう、常に政府と連絡を密にし、十分な意思疎通を図らなければならない」と書かれている。これも、日銀が政府と話し合えばよいということではなく、相互不信やあからさまな対立は排除することが期待されている。

このように金融政策の独立性は、国民の理解や政府の政策ビジョンと無関係に成り立つものではない。

正義はデフレ脱却にあり

以上を踏まえてアベノミクスである。当時の自民党が大胆な金融緩和を選挙公約としたことについては、それに先立つ約15年間が関係している。[注1] ちょうど日銀法が施行された1998年ごろから、消費者物価の前年比上昇率がマイナスになり、小幅とはいえその慢性化が始まった。[注2] 当時の物価下落は規制改革や技術革新の影響を受けた部分もあり、必ずしも総需要の弱さがその原因のすべてではなかった。それでも政府は2001年3月、物価の下落が2年続けばその原因が何であれデフレである、として「デフレ宣言」を行った。

ある望ましくない経済状態を「デフレ」と呼ぶかどうかは、それに対処する経済政策のあり方に影響を与える。金融政策の責務（mandate）は「物価の安定」である。[注3] したがって、デフレはインフレと同様、それへの対応は金融政策に責任があるとされる。「不況」「不景気」「低成長」なら政府が対応し、「デフレ」なら日銀が対応するという建付けになっているのである。それがおかしいことは本書を読み進めれば明らかだと思うが、現実はそうなっている。

日銀は90年代末以降の経済情勢について、その状況をデフレと呼ぶことに消極的であった。物価の下落は緩やかであり、かつその原因は金融緩和の不足ではないと考えていたからである。また、短期金利が既にほぼゼロまで低下しており、効果的な追加緩和の手段が乏しいという事情もあった。

ところが、日銀外には日銀と異なる意見が多かった。内外の学者やその影響を受けた識者・メディアの間には、デフレには物価目標政策が有効という見方が広く存在していた。[注4] 2％程度の物価目標に強くコミットすれば、期待インフレ率が上昇し、そ

注1　アベノミクスの大胆な金融緩和に至る近景、遠景については、ジャーナリストの手によるいくつかの優れた著作がある。鯨岡（2017）、軽部（2018）、西野（2020）。

注2　以下本書で「インフレ率」という言葉を使う場合、断りがない限り、消費者物価の前年比上昇率のことを指す。

注3　日銀法第2条では「理念」という用語が使われているが、それは一般的な言葉でいう「使命」や「責務」と同じである。

注4　物価目標政策は、インフレ率に目標値を設けるものなので、正確にはインフレ目標政策（inflation targeting）という。ただ、メディア等での一般的な使われ方に準じて、本書では物価目標政策という言葉を使う。目標についても本当はインフレ目標だが、本書では物価目標と呼ぶ。なお、日銀の2％物価目標は正式には「物価安定の目標」という。

こと自体が実際のインフレ率を上げることにつながるほか、名目金利を下げられなくても実質金利は下がる、という考え方である。[注5]そもそもインフレやデフレは貨幣的な現象なのだから、日銀が大胆に貨幣を供給すれば物価は上がる、というやや乱暴な議論も少なくなかった。

2000年のゼロ金利解除や2006年の量的緩和解除など、景気が少し良くなった局面で日銀が緩和の出口へ踏み出したことも、日銀は金融緩和に熱心ではないと受け止められる原因になった。リーマンショック後の金融緩和についても、タイミングや規模に問題があり大幅な円高を招いた、との批判が強かった。実際には日銀も様々な工夫により、未踏の緩和領域に踏み込んでいたのだが、「2%物価目標は日本の現実に合わない」という方針を貫いたためか、緩和に消極的というイメージは消えなかった。

こうして90年代末からの約15年間にわたり、経済論壇と日銀の間には、金融緩和を巡る認識の溝が存在し続け、その溝はリーマンショック後の円高期に深まった。デフレ脱却と円高の是正に「正義」があり、日銀はあたかも抵抗勢力であるかのような構図になってしまった。

3年間の民主党政権への失望もあり、国民の間には変化を求める空気が強かった。2012年の総選挙に向かう局面では、「大胆な金融緩和でデフレから脱却する」というメッセージが、強い訴求力を持ったのである。

偶然も重なり緒戦大勝利

第2次安倍政権の発足後、日銀はただちに大きく舵《かじ》を切った。2013年1月における2%物価目標の導入である。2%物価目標を政府との共同声明という形で世に広め、政府と日銀の一体化を印象付けた。ほどなく日銀の総裁および2名の副総裁の任期が到来するタイミングだったのは、全くの偶然である。安倍首相はその偶然を活かし、政府の考えに近い黒田東彦《はるひこ》氏を新総裁に任命した。体制も一新された日銀は同年4月、大量の国債買い入れを軸とする「異次元」の金融緩和を開始した。2%物価目標については、2年程度で達成すると期限を切って強く約束し、金融政策の「レジームチェンジ」を内外にアピールした。

異次元緩和は、よく考えれば大した緩和ではない。そのことは第3章で述べる。しかし、ストーリーが命の金融市場にとっては、政権が変わり、日銀の体制が変わり、デフレ脱却の大キャンペーンが始まる、という激変はまたとない好機である。市場は

注5　実質金利＝名目金利－期待インフレ率。なお、「期待インフレ率」は「予想インフレ率」と言われることも多いが、本書は「期待インフレ率」という用語で統一する。

この変化を先取りする形で動き、大幅な円安と株高が進行した。

こうした市場の変化には、「世界的な景気の好転」というもうひとつの偶然も作用した。２０１２年の夏ごろ欧州危機が峠を越えたのを境に、グローバル金融市場にはリスクを取る動きが戻ってきていた。株価は日本だけでなく世界中で上昇した。日本ではアベノミクスが始まる少し前、２０１２年12月に、景気の回復が始まっていた。米国が世界に先駆けて、金融緩和を徐々に縮小する局面に差し掛かりつつあったことも、ドル高・円安圧力になった。

これらを踏まえると、アベノミクス初期の金融市場の好転は、異次元緩和がなかったとしても、どのみち起きていた部分が少なくなかったと考えられる。しかし、本当の因果関係や個々の要因の貢献度は、誰も正確に評価することはできない。金融市場やメディアには、物事をわかりやすく認識したいという潜在欲求がある。わかりやすいストーリーの素材として、金融政策の大転換はうってつけである。異次元緩和がアベノミクスに緒戦大勝利をもたらした、というのはすっかり定説になっている。

それでは、アベノミクスのもとで日本経済は、実際のところどの程度良くなったのだろうか。

1―2 成長率が最低の景気回復

景気の名前

景気には「良い」「悪い」の循環変動がある。日本では内閣府の経済社会総合研究所が景気循環の「山」と「谷」を判定している。景気の「谷」から「山」までを「景気拡張期」と呼び、続く「山」から「谷」までを「景気後退期」と呼ぶ。この「谷」→「山」→「谷」を一つの循環と捉えると、第2次世界大戦後、今日までに16回の循環があった。それぞれの正式名称は「第1循環」「第2循環」……と無機質な番号で表されているだけだが、景気拡張期の部分を「○○景気」などと通称で呼ぶ場合がある。

第3循環の31か月（1954年12月～1957年6月）にわたる景気拡張期には、「神武景気」という名がついた。高度成長期の幕開けに当たる局面であり、初代天皇とされる神武天皇の即位（紀元前660年）以来の好景気という意味である。

初代天皇の即位は日本国の始まりであるから、あとからそれを上回る好景気が出現するたびに、神話の時代にさかのぼらなければならなかった。第4循環、42か月

（1958年7月～1961年12月）の景気拡張期は「岩戸景気」と呼ばれた。天照《あまてらす》大神《おおみかみ》が天の岩戸に隠れて以来の好景気という意味である。

それを凌駕《りょうが》したのが第６循環、57か月（1965年11月～1970年7月）の大型景気である。これは日本列島を創った伊《い》弉《ざ》諾尊《なぎのみこと》以来という意味で「いざなぎ景気」と名づけられた。列島創造までさかのぼってしまうと、さすがにそれ以上はさかのぼれない。その後もっと大型の景気があればネーミングに苦しむところであったが、幸か不幸かそこで高度成長期は終わった。いざなぎ景気は高度成長期の代名詞となっているが、それは高度成長期のフィナーレでもあった。

時が流れ２０００年代になってから、景気のネーミング問題が思いもよらず浮上する。２００２年２月に始まった第14循環の景気拡張期は、２００８年２月まで73か月も続き、長さで言えば「いざなぎ越え」となった。「いざなぎ」より前にはさかのぼれないので、せめて同時代ということで、「いざなぎ」の妻である伊《い》弉《ざ》冉尊《なみのみこと》にちなんで、「いざなみ景気」とされた。

しかし、戦後最長の景気だったにもかかわらず、「いざなみ景気」という言葉が親しまれた印象はない。おそらく、景気の歩みがあまりにも緩やか過ぎて、好景気の実感がなかったからであろう。いざなみ景気の期間中、実質ＧＤＰ成長率はわずかに年率１・６％であり、年率10％のいざなぎ景気とは比べものにならなかった。時代がすっかり変わっていたのである。いざなみ景気は長さでは戦後最長だったが、成長率はその時点で戦後最低だった。

ちなみに、与謝野馨内閣府特命担当大臣（金融、経済財政政策）は２００９年1月30日の記者会見で、この戦後最長景気にどんな名前をつけたらよいかと問われた際、「だらだら、かげろう景気、とでも言うんでしょうか」と答えている。経済政策を担当していた大臣ですら、長いだけでまぼろしのように消えていった景気、と感じていたようだ。高度成長期の「○○景気」は、それぞれがその時点での「空前の好景気」だった。「失われた20年」の一局面に高度成長期を懐かしむような名前をつけても、人々の気持ちには響かなかったのだろう。

アベノミクスの足を引っ張った個人消費

そのいざなみ景気よりも、さらに低成長の景気拡張期が現れる。２０１２年11月を「谷」とする第16循環である。これに決まった通称はなく、さかのぼれる神様もいない。ただ、アベノミクスの時期とほぼ重なっているので、「アベノミクス景気」という言葉がしばしば使われる。本書でもそう呼ぶことにする。

そのアベノミクス景気は、２０１２年12月から２０１８年10月までの71か月間続き、長さでは戦後2位となった。いざなみ景気の73か月を抜き戦後最長、と一度は認識さ

図1-1　設備投資

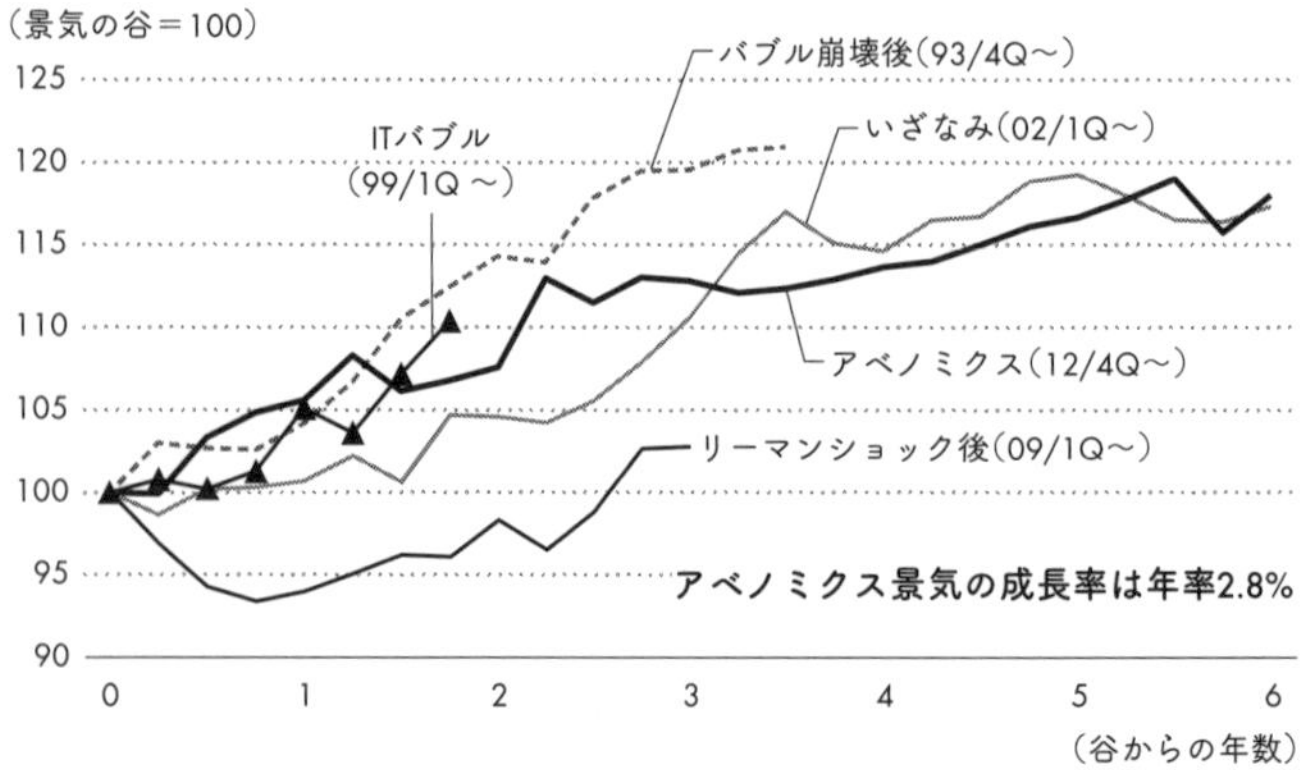

（出所）内閣府より筆者作成

れたりもした。[注6] しかし、アベノミクス景気の実質GDP成長率は年率1・1%に過ぎず、いざなみ景気の1・6%を下回って「戦後最低」を更新した。

GDPには需要項目別の内訳があり、国内需要で重要なのは個人消費（正式には民間最終消費支出）と設備投資（正式には総固定資本形成の民間企業設備）である。その設備投資は、アベノミクス景気で年率2・8%と、それ以前の数回の景気拡張期に劣らない堅調さを見せた（図1―1）。それがアベノミクスの三本目の矢、すなわち「民間投資を喚起する成長戦略」の成果だったのかどうかは定かでない。いずれにせよ、世界景気の拡大や円安を追い風に、史上最高益の企業

図1-2　個人消費

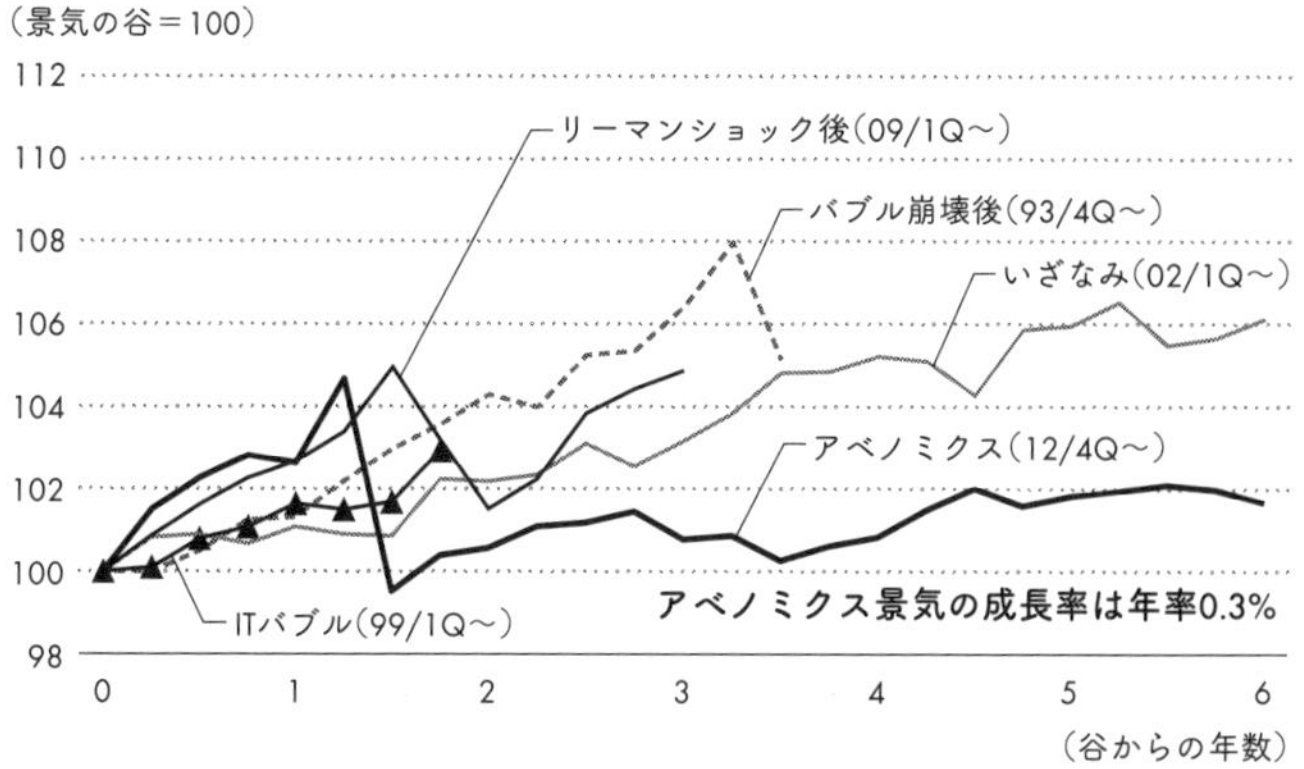

（出所）内閣府より筆者作成

が続出する中、設備投資はそれなりに行われた。

問題は個人消費であった。個人消費はアベノミクス景気のもとで、わずか年率0・3%とほぼゼロ成長だった。過去の景気と比較しても、個人消費は圧倒的に弱かった（図1―2）。企業収益が良好で株価も大きく上がったことを考えると、この個人消費の弱さは異様である。しかし、その背景は実は単純であり、のちほど述べるように、家計の実質可処分所得が増えなかったことにほぼ尽きる。

注6　景気の「山」「谷」は、かなりあとから振り返って判定される。データの遡及改定の影響も受ける。

現行統計の基準年である２０１５年において、個人消費はＧＤＰの56％を占める。グローバル企業が空前の利益を上げても、家計への波及が限定的だと、ＧＤＰ全体の成長は難しい。岸田政権の「新しい資本主義」が正しい答えかどうかは別にして、アベノミクスと同じでは賃金上昇を伴う好循環にならない、という問題意識は正しい。

もう一点付け加えると、アベノミクスの「緒戦大勝利」には円安がかなり寄与している。ところが円安は、グローバル企業に「大勝利」をもたらす一方で、内需型中小企業や家計にはコスト高・物価高をもたらす。家計への分配という側面に限れば、円安はもともとマイナス要因である。それを打ち消す以上のプラス効果が、賃金上昇等を通じて家計に波及しなければ、円安が経済全体を押し上げる効果は限られる。最近は「悪い円安」を巡る議論が盛んであるが、アベノミクス景気においても、既にその問題の一端は表れていた。

（1―3）

ゼロに近づく潜在成長率

潜在成長率とは何か

いざなみ景気もアベノミクス景気も、「景気回復の実感はない」と言われた。それが高度成長期やバブル期を念頭に置いて「かつての好景気とは違う」という意味なら、日本に「実感のある景気回復」は二度と来ないだろう。景気の「良い」「悪い」を均《なら》した経済成長の「実力」のことを潜在成長率と言う。「実感がない」という感覚は、この潜在成長率と関係している。

潜在成長率は直接観察できず、各種のデータを用いて推計するしかない。結果は推計手法により多少違ってくるが、いずれにせよ日本の潜在成長率は長期的な低下傾向にある[注7]（図1―3）。

注7　ここでは日銀が公表している潜在成長率を用いる。その推計方法については川本ほか（2017）。

図1-3　潜在成長率

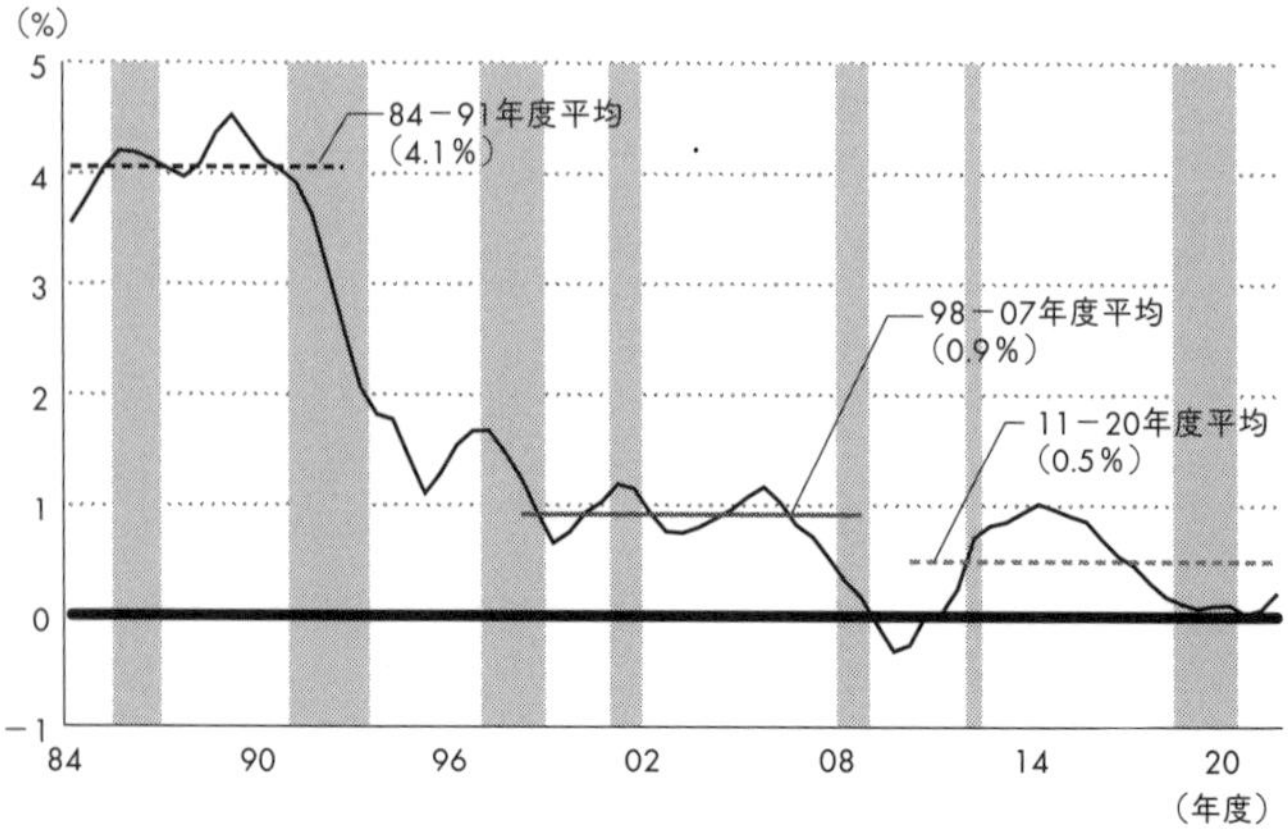

(出所) 日銀より筆者作成

1984〜91年度の潜在成長率は年平均4・1%であった。当時の日本経済は「ジャパン・アズ・ナンバーワン」として米国から警戒されるほどであったが、その時期の後半は実はバブルだった。[注8] 1990年代前半にバブルがはじけると、潜在成長率は一気に低下した。低下し終わって概ね安定した時、潜在成長率は1%程度になっていた。アベノミクスはそれを倍の2%に引き上げようとしたが、逆に半分の0・5%程度になってしまった。

潜在成長率がなぜ低いのかを理解する手がかりとして、成長会計に基づく要因分解がよく使われる。

成長会計とは、GDPが経済活動の成果（アウトプット）であることに着目し、経済活動の源泉（インプット）を足し上げればGDPが説明できる、という考え方である。その場合のインプットとして、通常は労働と資本の二つを想定する。労働とは、働く人の人数と労働時間のことである。資本とは、資本金という意味ではなく、むしろバランスシート左側の有形固定資産や無形固定資産をイメージすればよい。そうすると経済成長率は、①労働、②資本、という二種類のインプットの増加率と、それらをアウトプットに変換する効率の改善速度で決まることになる。この変換効率のことを、③全要素生産性（TFP、Total Factor Productivity）と言う。

TFPから得られる含意は少ない

先ほど見た潜在成長率については、この3要素に分解した推計結果も公表されている（図1－4）。しばしば、この要因分解から「失われた30年」の犯人を捜そうとする努力がなされるが、それでどこまで深い含意が得られるかは疑問である。理由は二つあ

注8　『ジャパン・アズ・ナンバーワン』（邦訳CCCメディアハウス）とは、米国の社会学者エズラ・ヴォーゲルにより1979年に出版された著書のタイトルである（原題：*Japan as Number One: Lessons for America*）。この本は、日本的経営や日本人の学習意欲を高く評価していることで知られる。

図1-4　潜在成長率の分解

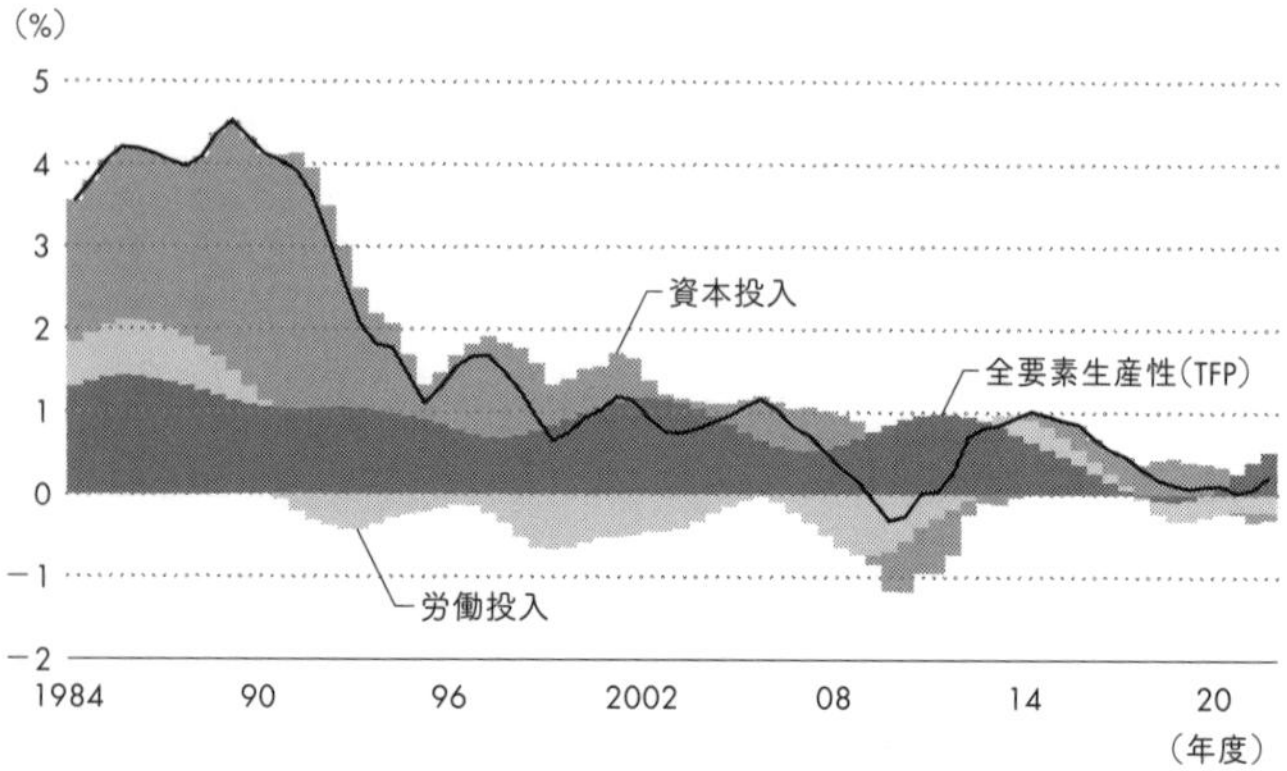

(出所) 日銀より筆者作成

る。

第一に、全要素生産性の正体が不明である。先ほどの成長会計の説明からわかるように、全要素生産性は概念的には、同じ労働や資本からどれだけ多くのアウトプットを生み出せるかの変換効率である。したがって、その改善速度は技術進歩に比例すると考えるのが標準的な考え方である。ここから、「イノベーションを活発にすれば全要素生産性の上昇率が高まり、潜在成長率を高めることができる」というよくある議論が出てくる。

ただ、推計された全要素生産性は、実質GDPの成長のうち、労働や資本の成長では説明できない部分、いわば「残差」である。それが本当にイノベーションを表しているのか、それとも個人消費など需要サイドの事情を表しているのか、あるいは積極的な意味づけはそもそもできないのか、必ずしも明らかではない。

実際、ごく短期の変動だけでなく、エコノミストたちが注目する数年単位の中期変動においても、単なる「残差」としか思えない動きをすることがある。例えば2009～12年ごろである。この時期は、リーマンショック後の厳しい局面であったが、全要素生産性がはっきりと高まっている。しかし、この局面で近年まれに見るイノベーションが起きていたという記憶はない。不況で労働や資本の投入が大きく低下したため、「残差」の全要素生産性が大きく計算されたにすぎないと考えられる。

第二に、こうした寄与度分解を眺めたところで、①労働、②資本、③全要素生産性のそれぞれを、政策的に高める方法が浮かび上がってくるわけではない。③の全要素生産性については、今述べた通りその解釈そのものが難しい。②の資本については、企業の設備投資を活発にさせればよい、ということかもしれないが、ではどうすれば設備投資を活発にさせられるか、という次の段階ですぐつまずいてしまう。①の労働は人口の減少・高齢化という根本的な条件から来ていることなので、女性や高齢者にもっと働いてもらうという限界的な対策のほか、ほとんどなすすべがない。

日本は経済劣等生ではなく普通の先進国

逆に、以上のような要因分解を行うまでもなく、経済成長についてほぼ明らかな事実が二つある。

第一に、先進国が高い成長を続けることは基本的に難しい。発展途上の国には先進国に追いつくという「伸びしろ」があるので、一定の条件さえそろえば高成長が可能である。いざなぎ景気のころまでの日本が高成長だったのは、日本のイノベーションの力が今より高かったからではなく、日本がまだ発展途上だったからである。ハングリー精神なら今よりあったかもしれないが、それは本当にハングリーだったからである。

住宅、生産設備、インフラの整備を急ピッチで進める必要があったし、それを支える若年労働力が、まだ貧しかった農村から仕事のある大都市へと大量に供給された。技術も海外より遅れていたので、追いつくように頑張るだけでも急速な技術革新が起きた。日本が発展途上の間は、米国も大目に見てくれた。1ドル＝360円という有利な固定為替相場のもとで、日本は輸出市場を開拓することができた。資源制約や地球環境などの問題もまだ深刻ではなく、石油などの資源を安く輸入できた。

中国は世界第2位の経済大国なのに今も高い成長を続けている、という反論がありうる。しかし、中国は人口が14億もあり、一人当たりのGDPは2020年でも1万ドル強にすぎない。[注9] 日本の4分の1、米国の6分の1であり、その意味ではまだ発展途上である。その中国も、かつての二桁成長には遠く及ばなくなってきており、2022年はゼロコロナ政策の影響もあり、5%成長も難しそうだ。国の成熟に伴い潜在成長率は低下する。

第二に、他の先進国と比較しても日本の経済成長率が低い点は、人口の減少・高齢化の影響が大きい。先ほどの潜在成長率の要因分解で言えば、もはや日本で労働のインプットがはっきりプラスになることはない。イノベーションの停滞やデフレのせいで「失われた30年」になった、という見方は根拠に乏しい。人口要因を除けば、日本は普通の先進国である。

それがわかるのは、一人一時間当たりの経済成長率、言い換えれば生産性の上昇率である。アベノミクス景気が低成長であったことは先ほど述べたが、その期間に該当する2013〜18年において、日本の生産性上昇率は年平均1・0%であった。同じ数字が米国では0・6%、ドイツでは0・9%、フランスでは1・0%、イギリスでは0・7%である。[注10] 要は、近年の先進国の成長率は、労働力のインプットを調整して

注9　国際通貨基金（IMF）の *World Economic Outlook Database*, April 2021。
注10　経済協力開発機構（OECD）のデータをもとに計算。

比較すれば、どこも似たり寄ったりなのである。

こうして見ると、日本の潜在成長率が低いのは、①日本が先進国であり、②かつ人口の減少・高齢化が急速に進んでいる、という二つの理由でほぼ説明できる。日本だけが世界に取り残されているかのような論調は、国民の奮起を促す精神論として理解できなくもないが、必ずしも事実ではない。

ただ、このことは直ちに、二つの「不都合な真実」に向き合わなくてはならないことを意味する。第一に、人口の減少・高齢化が一段と進む2020年代は、自然体では日本の潜在成長率はさらに低くなる。第二に、生産性上昇率はもともと他の先進国並みなので、その面で他国を卓越するところまでいかないと、日本の潜在成長率は上がらない。「生産性を上げるべきだ」というのはそのとおりでも、気軽に言える話ではない。

（1－4）

誠実さを欠く「中長期試算」

「超楽観ケース」と「やや楽観ケース」

内閣府は毎年、年初と夏の2回、「中長期の経済財政に関する試算」（以下「中長期試算」）を公表している。向こう10年程度にわたる経済、物価、財政の姿を示したものであり、経済財政諮問会議の参考資料になっている。経済、物価、財政のうち、まず経済と物価に関する前提が作成される。そこから、将来のプライマリーバランス（基礎的財政収支）や政府債務残高など、財政関連の指標がほぼ機械的に試算される。[注11] ２０２２年7月時点の試算によれば、２０２６年度にプライマリーバランスが黒字化し、以後黒字が定着・拡大していくとされている。

注11　プライマリーバランスとは、税収等から政策的経費を差し引いたものである。利払費を除いた財政収支と言ってもよい。

問題は、内閣府が作る経済・物価の前提である。シナリオには「成長実現ケース」と「ベースラインケース」の二つがある。[注12] このうち、成長実現ケースは努力目標という位置づけなのだろうが、それにしても浮世離れした前提が置かれている。そして、プライマリーバランスの黒字が定着・拡大していくと先ほど述べたのは、あくまでこの成長実現ケースの話である。ベースラインケースについては、後述のとおり2022年7月の試算で現実を踏まえた修正が施されたが、それでもなお十分に慎重なものとは言えない。つまり、中長期試算は「超楽観ケース」と「やや楽観ケース」の二本立てだと言える。具体的に見ていこう。

まず、成長実現ケースは、中長期的に実質2%、名目3%という成長率を前提としている。アベノミクス景気の実質成長率が平均1・1%だったことは1－2で述べた。景気が良かった期間の平均が1・1%だったのだから、景気が良い時も悪い時も含まれる中長期の成長率は、それより低くなると考えるべきである。

さらに、名目成長率3%というのは、実質成長率の2%が達成されたうえに、日銀の2%物価目標も達成されることを意味する数字である。やや細かい話になるが、日銀の2%物価目標は消費者物価の上昇率についてのものである。一方、名目成長率は実質成長率にGDPデフレーター上昇率を足したものだ。ところが、中長期的なGDPデフレーター上昇率は、消費者物価上昇率よりもかなり低い。[注13] したがって、日銀の

2%物価目標が達成されるという前提でないと、名目成長率の3%は難しいのである。しかし、日銀の2%物価目標が達成される可能性は、第3章で述べるとおり、きわめて低い。つまり、実質GDP成長率、物価上昇率の両方に奇跡が起きない限り、中長期的な名目成長率が3%になることはない。

次にベースラインケースについて見ると、消費者物価の上昇率が0%台後半と前提されている点は、まあ良いだろう。実質成長率についても、2022年7月の試算では0%台半ば程度と、近年の実績を踏まえたものになっている。この点、同年1月の試算まで1%程度と高めの前提が置かれていたのに比べれば、現実に近づける改善がなされている。しかし、1－3で述べたように、日本の潜在成長率は既に0・5%程度まで低下しており、自然体では高齢化により今後さらに低下する。成長戦略がある程度うまくいくと想定しない限り、ベースラインケースの達成もそう簡単ではない。

注12　2015年以前は、成長実現ケースは「経済再生ケース」、ベースラインケースは「参考ケース」と呼ばれていた。

注13　1995～2012年度の期間で見ると、消費者物価前年比とGDPデフレーター前年比の間には、平均で0・9%ポイントの差がある。1995～2020年度までの平均で見れば、その差は0・6%ポイントまで縮小するが、2021年度以降は再びその差が開いている。

２０２２年７月の試算では、おそらくそのことも意識し、あくまで「参考」という位置づけではあるが、第３の「潜在成長率低下ケース」というシナリオも加えられた。現時点で意味のある議論の材料になりうるのは、最新のベースラインケースと潜在成長率低下ケースの二つであろう。成長実現ケースは不要である。

甘い経済財政諮問会議の議論

中長期試算、とりわけその成長実現ケースがあまりに楽観的であることは、長年にわたり民間エコノミストから批判されてきた。それでもこれが改まらないのはなぜなのだろうか。作成する内閣府にも問題はあるが、最終的には経済財政諮問会議の議論に甘さがあるからだろう。

例えば２０２２年１月の中長期試算は、同年１月14日の経済財政諮問会議で議論されている。その議事要旨を読む限り、成長実現ケースが「民間の試算に比べるとかなり楽観的」という程度の認識は示されているが、いかに非現実的で議論に値しないものか、という厳しい「正論」は出されていない。むしろ、これをどうすれば実現できるのか、という議論が中心になっている。成長戦略のアイディアを出し合うこと自体に意義がないとは言わないが、成長実現ケースが合理的な範囲の努力で実現できる目標なのかどうかを、まずきちんと評価するべきなのではないだろうか。

ちなみに、ベースラインケースについても２０２２年１月試算では、成長実現ケースほどではないにせよ楽観色の濃いものであった。しかし、その点について議論された形跡は、少なくとも前述の議事要旨からはうかがわれない。２０２２年７月試算でベースラインケースが大幅に修正されたのは、経済財政諮問会議での問題提起によるものというより、内閣府事務方の自主的な判断によるものだったと推察される。

クリアすべき3つのハードル

それにしても「実質２％、名目３％」という「おとぎ話」は、経済財政諮問会議での議論に供する材料として、仮に努力目標であってもふさわしくない。成長実現ケースは中長期試算から削除した方がよい。ただし、そのためには、次の三点に向き合う覚悟が必要なのかもしれない。

第一に、過去へのこだわりを捨てることである。「実質２％、名目３％」という数字は、民主党政権下における２０１０年の「新成長戦略」で掲げられ、２０１２年には消費税率を引き上げる環境として目指すべき経済の姿とされた。[注14] ２０１３年以降はこれがアベノミクスで目指す数字となり、「デフレ脱却」の数値的定義であるかのように扱われてきた。しかし今はもう、これが実態からずれた数字であることは明らかになっている。「昔のなごり」で残っているだけの数字は、整理すべきであろう。

第二に、日銀の２％物価目標の再考である。前述の通り、成長実現ケースの達成には２％物価目標の達成が不可欠である。非現実的な２％物価目標に政府の思考も縛られているのだとすれば、２％物価目標を今後どうするかは、日銀だけの問題ではない。

第三に、財政の持続性の意味についても、改めてよく整理し直す必要がある。この点は第５章で詳しく述べるが、論点は「プライマリーバランスの黒字化」を最重要課題とすることの是非である。「プライマリーバランスは黒字にすべき。でも厳しい歳出削減や増税はしたくない。だから経済成長でそれを達成するのだ」という隠れた論理が、「実質２％、名目３％」をやめにくくしているようにも見える。しかし、「財政の収支尻のために成長を引き上げる」という論理は主客が転倒している。財政の舵取りを経済情勢に合わせるのが、本来の関係である。

注14　２０１２年8月に成立した税制抜本改革法の附則第18条には「消費税率の引上げに当たっては、経済状況を好転させることを条件として実施するため、物価が持続的に下落する状況からの脱却及び経済の活性化に向けて、平成23年度から平成32年度までの平均において名目の経済成長率で3パーセント程度かつ実質の経済成長率で2パーセント程度を目指した望ましい経済成長の在り方に早期に近づけるための総合的な施策の実施その他の必要な措置を講ずる」とある。

（1-5）内部留保のため込み批判は的外れ

内部留保が増えているのは事実

成長戦略の成果がなかなか上がらない中、スケープゴート探しのようなことも行われてきた。典型的には「企業が内部留保をため込んでいるから経済が成長しない」という批判がある。これは本当だろうか。

法人企業統計の年次別調査で、2019年度末の利益準備金、積立金、繰越利益剰余金を足し上げると475兆円になる。[注15] これが日本企業の内部留保額として、よく使われる数字である。アベノミクス開始時の2012年度末には305兆円だったので、7年間で170兆円、率にして56%も増えた。内部留保が大幅に増加したこと自体は、事実として確認できる。

注15　2020年度末だと484兆円である。2020年度はコロナ禍の影響を受けた特別な年なので、以下では2019年度の数字を使う。

内部留保はバランスシートの「右側」の項目であり、資本金とともに自己資本を構成する。自己資本は「厚くする」ものであって「ため込む」ものではない。したがって、「内部留保をため込んでいる」という批判に込められた本当の意味は、内部留保見合いの資産として「現金・預金をため込んでいる」ということなのだろうと推測される。

ところが、先ほどと同じ7年間に増えた現金・預金は53兆円にとどまっている（168兆円→221兆円）。確かに増えてはいるが、内部留保の増え方に比べればはるかに小さく、内部留保を現金・預金として「ため込んでいる」とまでは言えない。

企業は海外展開に成長を求める

むしろ、資産サイドに見られる最大の特徴は、有形固定資産などには分類されない固定資産の大幅増である。これを便宜上「その他固定資産」と呼ぶことにすると、それは同じ7年間に351兆円から528兆円へと、177兆円も増えている。[注16] その他固定資産の内訳は明らかにされていないが、他社への投資や子会社の持ち分などはここに含まれていると考えられる。したがって、その他固定資産の大幅増は、海外直接投資やM&Aの拡大を反映している可能性が高い。

図1－5は、企業の負債・資本の内訳をバランスシート全体に対する比率で示した

図1-5　企業の負債・資本

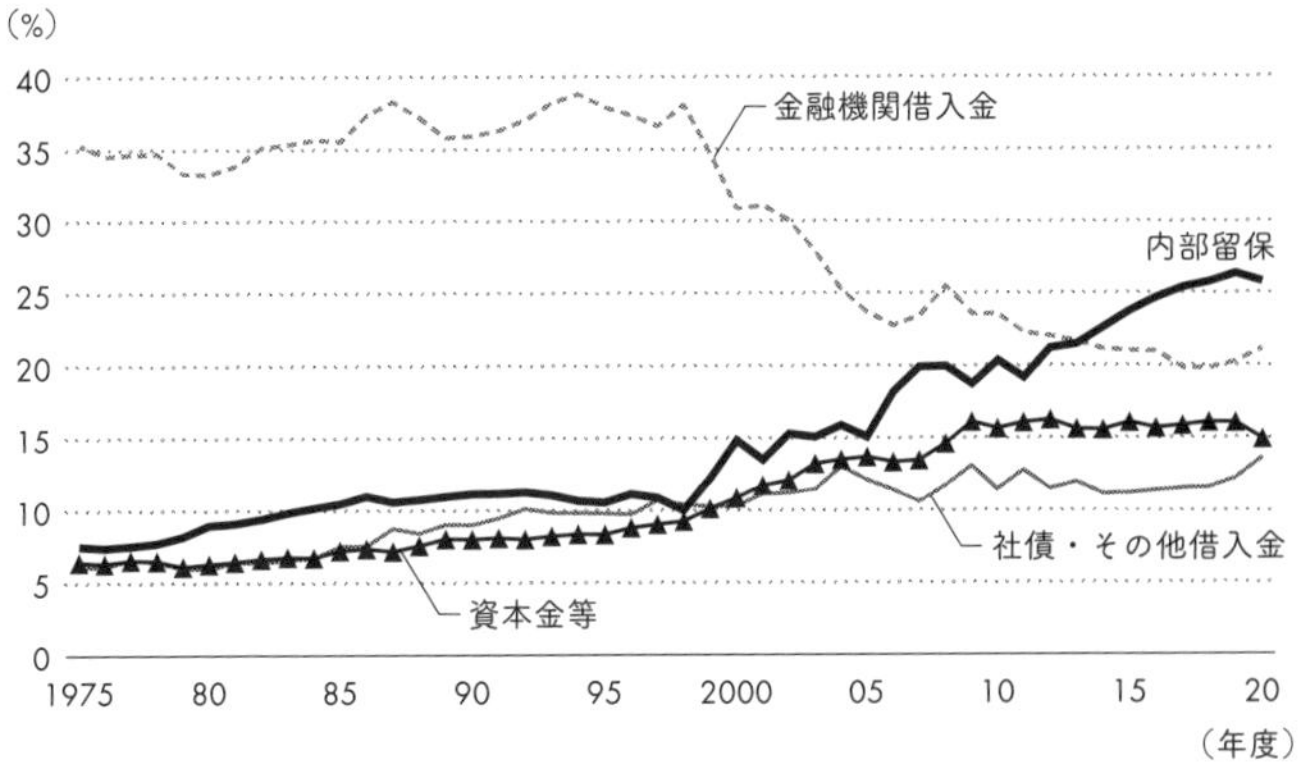

（注）バランスシート全体に対する比率
（出所）財務省「法人企業統計」より筆者作成

ものである。内部留保はアベノミクスの時期だけでなく、2000年前後から右肩上がりのトレンドにある。それと並行して起きているのは、金融機関借入金の圧縮である。つまりこの20年ほど、企業は負債を自己資本で置き換え、財務基盤を強化してきたのである。この変化が2000年ごろから顕著になったのは、90年代末の金融危機がきっかけだろう。ただ、金融システムが安定を取り戻

注16　正確には、固定資産全体から、有形固定資産、無形固定資産、建設仮勘定の3つを引いたものが、ここで言う「その他固定資産」である。

図1-6　企業の資産

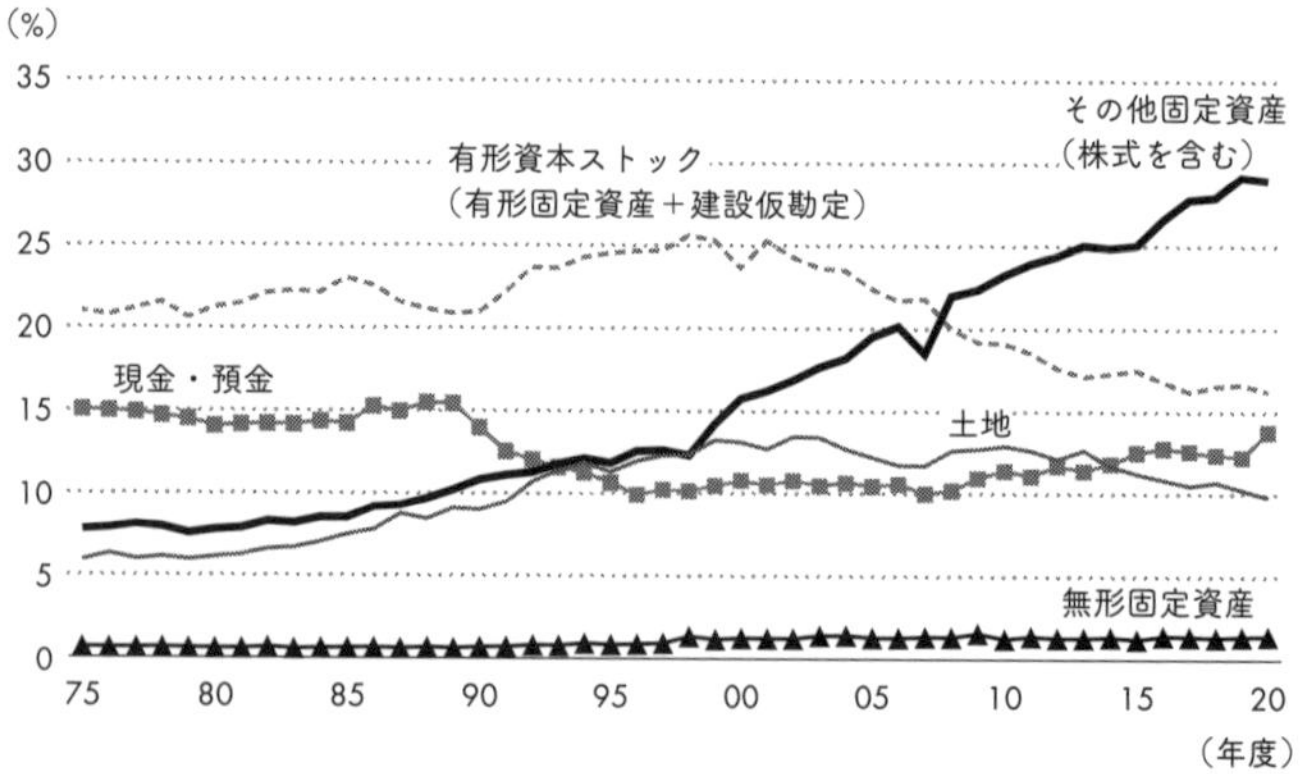

(注) バランスシート全体に対する比率
(出所) 財務省「法人企業統計」より筆者作成

した後も、企業の財務基盤強化の動きは続いた。そこには「守り」だけでなく、「攻め」の経営戦略も関係していた可能性が高い。

そこで今度は、図1－6で資産サイドを見よう。こうしてバランスシート全体に対する比率で見れば、現金・預金の増え方はあまり目立たないし、近年の水準が歴史的に高いというわけでもない。超低金利で現金・預金の機会費用が大幅に低下しているにもかかわらず、である。

他方、その他固定資産は80年代後半から右肩上がりのトレンドにあり、とくに2000年前後から増加が加速している。これは内部留保の増加が加速し始めたタイミングとほぼ同じである。こうした長期の時間軸で見ても、内部留保の見合いで大きく増えた資産は現金・預金ではなく、その他固定資産である。もうひとつの変化は有形資本ストックの伸び悩みである。企業は国内の設備投資には、相対的には積極的でなかったということである。[注17]以上の資産面の長期的な変化には、国内市場の成長期待が低下する中で、企業がグローバル展開に活路を求めてきた姿を見ることができる。

80年代までのように国内市場の成長が確実で、それに合わせて設備投資を増やすことに比べると、M&Aや海外進出で新たな市場を開拓することには大きなリスクが伴う。「日本企業はリスクを取らない」とよく批判されるが、そうとも言えないのではないか。海外投融資でしばしば巨額の損失が出ていることなどから見ても、目利き力やマネジメントの面で改善の余地はあるにせよ、日本企業もリスクそのものはかなり取ってきたのだと考えられる。

注17　図1－6ではバランスシート全体への比率で見ているために、有形資本ストックはアベノミクス期においても緩やかに低下している。ただ、有形資本ストックの絶対額は2012年度をボトムに上向いており、2019年度までの7年間で48兆円（19%）増加している。すなわち、ここでの観察事実は、アベノミクス期における設備投資の増加を示すGDP統計と矛盾するわけではない（前出図1－2）。

資産のリスクが高まったのだとすれば、日本企業が自己資本を厚くしてきたことは理に適《かな》っている。過去20年のバランスシートの変化には、「国内市場の低成長↓グローバル展開の積極化↓リスクへの備えの必要性↓財務基盤の強化」というメカニズムが少なからず働いていた可能性が高い。そうであるとすれば、内部留保の増加は、日本経済の成長を弱めた原因ではなく、むしろ低成長の結果である。

捨てきれない「合成の誤謬」の可能性

その一方で、内部留保に関連した企業行動の中に、日本経済の低成長を理解する手掛かりがあるようにも思う。三点述べたい。

第一に、企業による人件費の抑制である。そもそも企業が内部留保を大幅に増やすことができたのは、その前提としてフローの収益をしっかり上げてきたからである。実際、アベノミクス景気の6年間で経常利益は73%も増加している。同じ6年間に人件費をわずか6%増に抑えたことが、大幅増益の一因である。

個々の企業は合理的な経営判断のもとに、必要な人件費を支払い、そうでない人件費を抑制してきたのであろう。しかし、個々の企業は合理的でも、全体として「人件費抑制↓個人消費の停滞↓国内市場の低迷」という連鎖が働けば、企業にとって国内の投資や人件費を抑制することがますます合理的になる。そうだとすると、ミクロの合理的な判断がマクロでは国内市場の縮小スパイラルを生む、という「合成の誤謬《ごびゅう》」が働いてきた可能性は否定できない。はっきり検証されているわけではないが、留意すべき点だと思う。

第二に、コーポレートガバナンスと経済成長の関係である。日本のコーポレートガバナンス改革は道半ばといわれるが、過去20年程度でかなり改善されたことも確かである。株式持ち合いの解消が進み、外国人投資家が増え、企業経営者は株主へのリターンを、以前よりはだいぶ意識するようになった。人件費が6%しか増えなかった先ほどの6年間に、株式配当の支払いは88%増加した。過去10年の株価はそれまでとは異なり、明確な上昇トレンドにある。

問題は、株主価値の増大とGDPの増加は同じではなく、むしろ相反する面もありうるという点である。国内市場に成長の展望が乏しいなら、投資家はグローバル展開に積極的な企業に投資する。企業経営者にとっては、国内での設備投資や人件費を抑え海外展開を強化することが、株主に説明しやすい成長戦略になる。つまり、国内に成長ストーリーが乏しいという条件が最初にあると、株主の声が経営に反映されるようになればなるほど、「合成の誤謬」による国内市場の縮小スパイラルが増幅されやすくなるのである。

投資家から見れば、投資先の企業がたくさん稼いでくれることが大事なのであって、世界中のどこで稼ぐかはどうでもよい。関心があるのはその企業の価値であり、日本のＧＤＰではない。日本の市場が稼ぎにくい環境にあるなら、投資家はむしろ、日本国内で無駄にお金を使わない企業を評価する。コーポレートガバナンス改革そのものを後退させるわけにはいかないが、株主の力で改善しうるのは日本企業の価値であり、日本経済ではない、という区別は認識しておく必要がある。そのギャップをどう埋めるかは、政府の成長戦略の仕事である。

「私的セーフティネット」をどう見るか

第三に、企業が担う事実上のセーフティネットの存在である。リスクに十分な備えが必要と日本企業が考える時、「負のショックに見舞われても、国内の組織や雇用は維持しなければならない」という意識が働いている。日本社会の暗黙のルールに従えば、よほどのことがない限り、大規模な雇用削減や大幅賃金カットはできない。いざという時の選択肢に制約があるのであれば、その分ショックへの「備え」に厚みを持たせておくのが合理的である。90年代末に起きた金融危機の前であれば、メインバンクがショックを吸収していたが、今はそこにも限界がある。

２０２０年にコロナ禍に襲われた際、日本企業の内部留保や現金・預金の厚みは確かに役に立った。この「成功体験」により、日本企業の保守的な財務戦略は、今後ますます変わりにくくなると予想される。

株主重視姿勢が以前より強まったとはいえ、日本企業は米国企業のように、株主還元のためならレバレッジを極限まで高める（＝負債を増やす）、というところまではやらない。株主にも還元せず、従業員にも直ちには還元しないバッファーが、日本企業には必要なのである。内部留保のうち、それに相当する分が、おそらく現金・預金の形で積み立てられているのだと考えられる。そのバッファーの一部は、いざという時に従業員の雇用や賃金を守るために使われる。企業が従業員に対して一定の雇用保険を提供しているようなものであり、その「保険料」の分だけ普段の賃金は低く抑えられる。

企業が提供するこうした「私的なセーフティネット」には、公的なセーフティネットだけでは満たされない安心感を、従業員に与えているという利点がある。一方で、こうしたセーフティネットのあり方は、事業の新陳代謝や転職市場の発展とは相性が良くない。また、中小企業には大企業ほど十分なセーフティネットは提供できないし、非正規雇用やフリーランスなど、企業のセーフティネットから漏れる人々も増えている。今のセーフティネットのあり方が全体最適と言えるのかどうかは、経済成長の観点はもとより、公平性の観点からも見過ごすことのできない論点である。

以上のように、日本企業の内部留保の厚さは、それ自体は企業の合理的な経営判断の結果であり、外部から「ため込みすぎ」と批判すべき性格のものではない。しかし、内部留保や現金・預金を厚くすることが合理的な解になっている理由を考えることで、日本経済の課題が見えてくる部分もある。「合成の誤謬」や「セーフティネットのゆがみ」といった要素が絡んでいるとすれば、そこに切り込むことでより良い全体解に到達できる可能性がある。政府の役割はそこにあり、「内部留保を増やすな」と企業を叱ることではない。

（1－6）個人消費はなぜ弱い

実質賃金の低下

前節では、国内需要を軸とする好循環が起こりにくい可能性について、企業行動の側面から考えた。本節では家計の側面から、アベノミクス景気のもとで個人消費が増えなかった理由を考える。考えるといっても複雑な理由があったわけではなく、第一に賃金の弱さ、第二に税や社会保険料負担の増加、第三に根強い将来不安、といった基本的な要因に尽きる。

第一の賃金の弱さから見ていこう。図1－7は、名目賃金（一人当たり現金給与総額）と、そこから消費者物価（総合）を引いた実質賃金である。デフレ期といわれる15年間（1998～2012年度）においては、名目賃金の前年比はほとんどマイナスであり、マイナス幅が2～3％に達する年もあった。それとの比較でいえば、アベノミクス景気の局面（2013～18年度）では改善が見られ、名目賃金は概ね小幅のプラスで推移した。

図1-7　1人当たり賃金

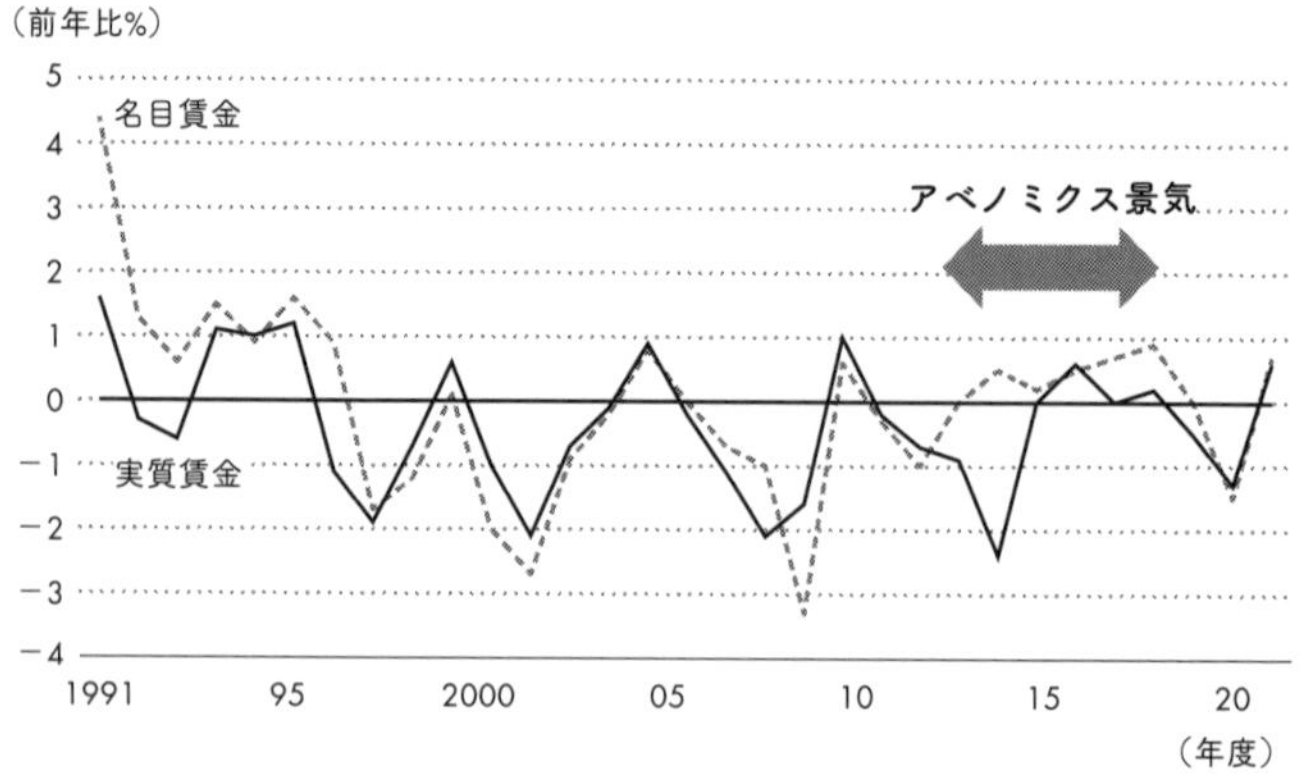

（出所）厚生労働省、総務省より筆者作成

アベノミクス景気では、成長率こそ低かったが、労働市場は顕著に改善した。失業率は2018年に2・2%まで低下したが、これはバブルの余韻を残す1992年以来、26年ぶりの低水準であった。有効求人倍率は1・64倍まで上昇し、こちらはバブル期のピーク（1・46倍）も上回る44年ぶりの高水準であった。こうした労働需給の逼迫《ひっぱく》が一因となって、賃金の伸びがマイナス圏からプラス圏へと改善したのである。

しかし、注目点はむしろ、歴史的な労働需給の逼迫にもかかわらず、賃金の伸びがわずかなプラスにしかならなかったことである。この局面の名目賃金の上昇は、物価の上昇にすら追いついていない。日本で安定的な2%インフレは過去30年なかったが、それでも多少の物価上昇は時々起きた。アベノミクス景気、とくにその前半は、大幅な円安や消費税率の引き上げにより、短期的に物価上昇が起きた局面であった。

このため実質賃金は、アベノミクス景気の2013〜18年度の平均で、前年比マイナス0・4%とマイナスであった。注18 デフレ期といわれた1998〜2012年度の平均マイナス0・7%と比較しても、「マイナス幅がやや縮小した」という程度の改善しか見られなかったのである。

家計の肩にかかる負担増

第二に、消費税や社会保険料など、財政を支えるための家計の負担が増加した。アベノミクス景気においては、雇用者数はかなり増加したので、「雇用者数×賃金」に相当する「雇用者報酬」は比較的順調に伸びた。2013〜18年度までの6年間で、雇用者報酬は31兆円、率にして12%増加した（図1－8）。ところが、そこから税や社会保険料負担などを引いた可処分所得は、6年間で14・

注18　2014年度の消費税率引き上げの影響を除いても、2013〜18年度の平均はマイナス0・1%であり、わずかではあるがやはりマイナスであった。

図1-8　実質可処分所得

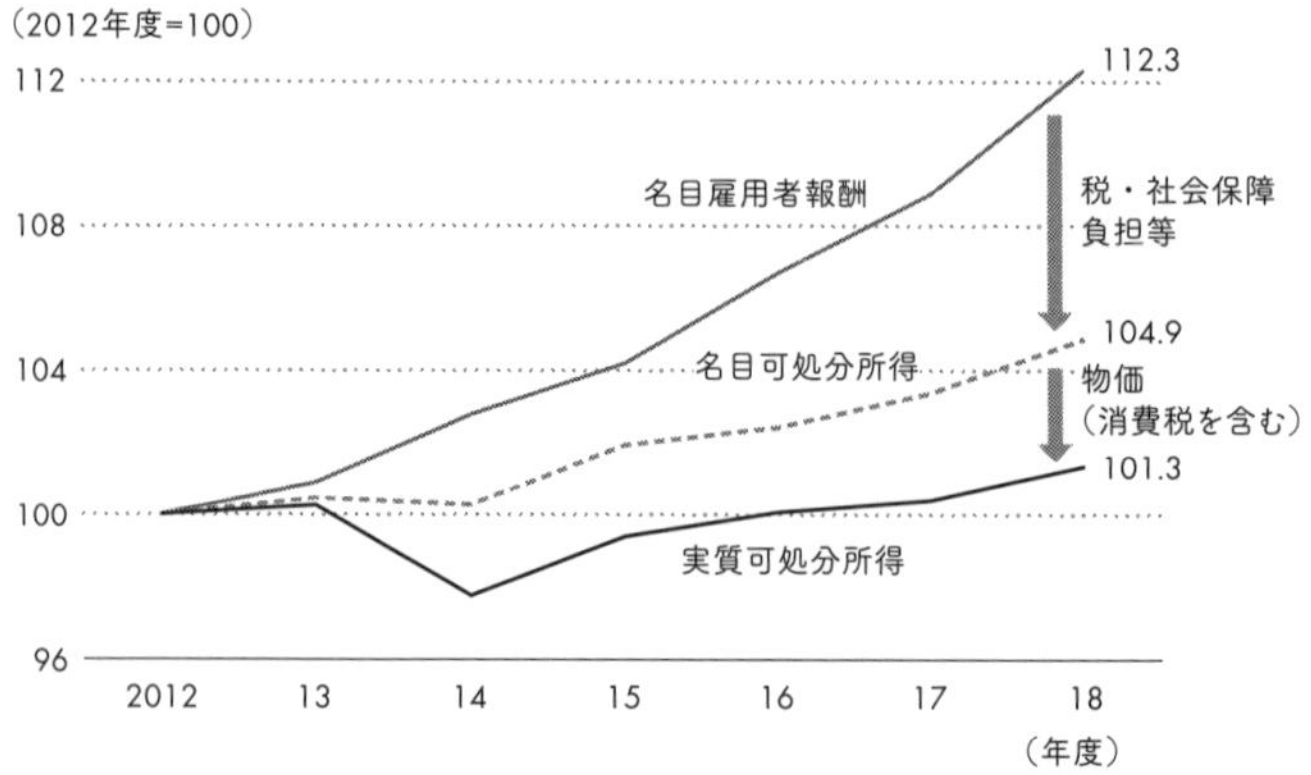

（注）実質可処分所得＝名目可処分所得／個人消費デフレーター
（出所）内閣府より筆者作成

1兆円、4・9%の増加にとどまった。さらに物価上昇分を引いた実質可処分所得は、6年間でわずか3・9兆円、1・3%の増加であった。[注19]年平均にすれば0・2%の増加にすぎないので、これなら個人消費が年平均0・3%しか増えなかったのも当然である。企業から家計への所得波及が限られていたうえに、その多くを政府に納めてしまったために、消費に回せるお金は手元に残らなかった。これが家計から見たアベノミクスである。

消費税率や社会保険料の引き上げは、財政の健全化のために必要だったとされる。しかし、企業の法人税率は、1980年代の40%台から段階的に引き下げられ、近年は約23％に軽減されたままである。経済のグローバル化が進む中で、どの国も企業を自国につなぎ留めるため、世界的に法人税率の引き下げ競争（race to the bottom）が繰り広げられてきた。金融所得や高額所得に対する課税強化も、それらの海外流出を招くおそれがあるため難しい。

逃げられないのは労働者・消費者である。経済と金融のグローバル化は、国境を容易に越えられる者とそうでない者を分け、後者に負担を寄せていく力として作用してきた可能性がある。[注20] 国境を容易に越えられる企業にとっては、グローバル化によって企業価値を最大化する選択肢が広がったのであり、合法的な租税回避行動もそのひとつである。

つまり、グローバル化が進んだ環境で企業が株価を意識すると、先進国の国内労働者は、海外の労働力との直接・間接の競争にさらされるだけでなく、租税負担のしわ

注19　6年間で名目雇用者報酬が31兆円増加し、実質可処分所得は3・9兆円の増加にとどまったのだから、両者の差は27・1兆円である。このうち20兆円強が税や社会保険料負担の増加によるものであったと試算される。

注20　各国で過去数十年にわたり法人税率の引き下げ競争が行われてきたことや、それにより国家財政が付加価値税（あるいは消費税）への依存を強めざるをえなかったことについては、岩村（２０２０）の第三章、諸富（２０２０）の第2章などに詳しい記述がある。

寄せも受けやすい構造に置かれるのだと言える。アベノミクス景気のもとで多少とはいえ名目賃金が上がったのは、グローバル化と関連した家計への構造的な逆風を、記録的な労働需給の逼迫によってある程度押し返せたからであろう。しかし、そのバランスは、実質可処分所得に明確な増加をもたらすほどのものにはならなかった。

賃金の上がりにくさや家計負担の増えやすさの背景に、グローバル化と株主重視の結合という構造要因があるとすると、問題への対応は簡単ではない。グローバル化を後退させるわけにはいかないし、資本主義において株主を重視しないわけにもいかない。それらに対抗しうる力を労働者にどう持たせるかが、経済政策上の視点にならざるをえない。

将来不安を軽減する方策はあるか

第三の要因である将来不安は客観的には測れない。そこで、金融広報中央委員会（事務局は日銀）の「家計の金融行動に関する世論調査」を見てみよう。その中に、老後の生活について「全く心配していない」「それほど心配していない」「多少心配である」「非常に心配である」という4択の設問がある。このうち後2者の回答を「心配である」としてひとつにまとめると、その割合は90年代初頭には60%台前半であった（図1−9）。それが90年代後半に急上昇し、98年以降は最近に至るまで概ね85〜90%の高水

図1-9　老後の生活についての考え方

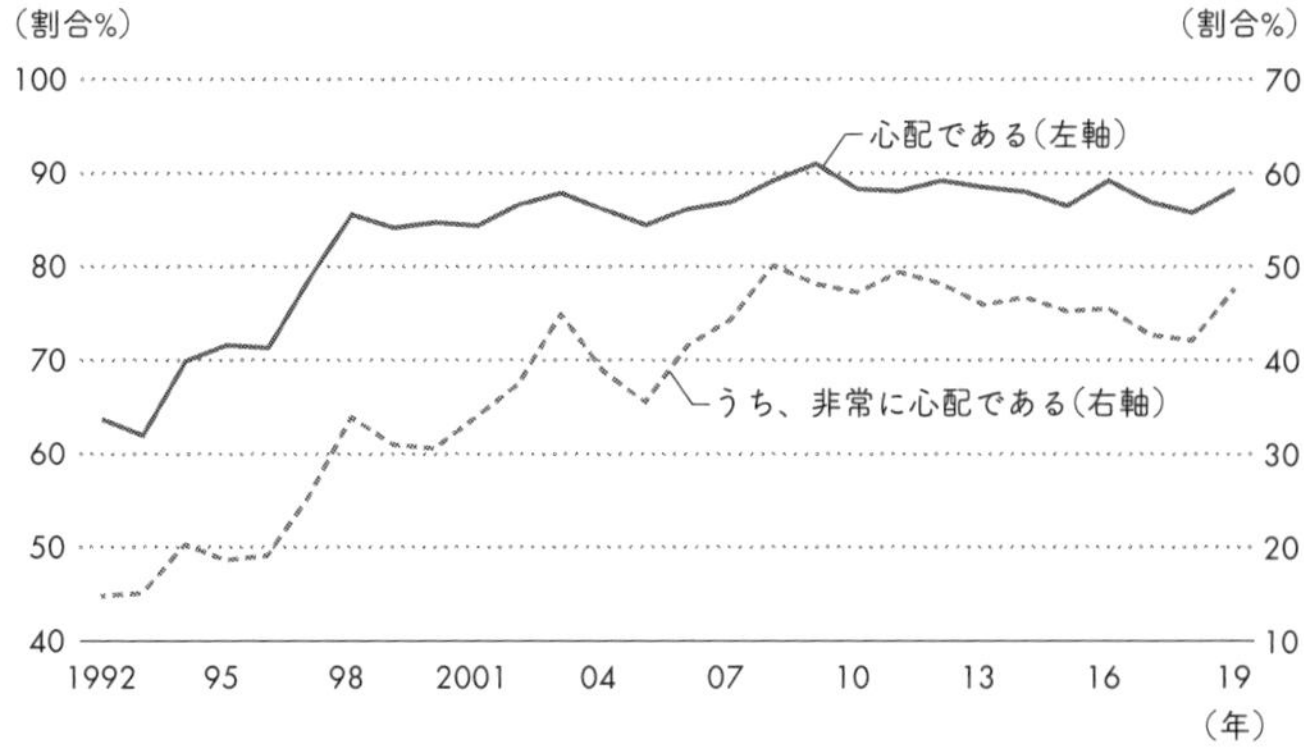

（注）世帯主年齢60歳未満の世帯
（出所）金融広報中央委員会「家計の金融行動に関する世論調査」より筆者作成

準で推移している。

また、「非常に心配である」に絞ってその回答割合を見ると、90年代半ばまでは20％以下にすぎなかったが、２０００年代にかけて一本調子で上昇し、近年は40％台半ばで高止まっている[注21]。この結果を見る限り、アベノミクスの局面で人々の将来不安が一段と高まった、ということはなかった。しかし、歴史的な労働需給の引き締まりにもかかわらず、

注21　２０２０年以降、この回答割合は低下しているが、調査方法の変更によりデータに不連続が生じている。したがって、ここでは２０１９年までのデータで図を作成した。

人々の将来不安がほとんど和らがなかったことに、むしろ注目すべきである。

上記調査の別の設問から、老後に不安を感じる理由としては、「十分な金融資産がないから」「年金や保険が十分ではないから」の二つが大きいことがわかっている。さらに小川（２０２０）は、この調査の個票データの活用を含め、人々の消費行動に関する詳細な分析を行っている。その主な分析結果によれば、①所得、金融資産、負債（住宅ローン等）の状況のほか、②公的年金制度に関する負担感や信頼性が、人々の消費行動に影響を与えているようである。

家計の金融資産全体は過去最高を更新し続けているのだから、それでも金融資産の不足が将来不安の主要な理由になっているのは、金融資産が一部の富裕層に偏っているためだと考えられる。

また、公的年金制度への不安とは、「給付が十分でないことや負担がさらに増えることが心配」という意味であろう。したがって、「給付を減らし負担を引き上げて年金制度の持続性を高める」という制度改革では、年金制度の改善にはなっても、家計不安の解決にはならない。むしろ、年金制度の持続性を高める改革の副作用として、家計の不安が高まっていると見るべきである。急速な高齢化という根本的な要因がある以上、年金制度の枠内でどんな改革を行っても、人々の将来不安を和らげることはおそらく不可能だろう。より広く社会保障制度全体の中で、所得や富の再分配強化に踏み込む形で、セーフティネットを抜本的に見直す必要があるのだと思う。

（1―7）

人手不足でも上がらない賃金

もっと人手不足だったら賃金は上がっていた？

歴史的な人手不足でも賃金が上がらなかった理由について、最もシンプルな仮説は「タイムラグ」説である。

例えば、日銀はアベノミクス景気の局面での展望レポートにおいて、「マクロ的な需給ギャップがプラスの状態が続くもとで、企業の賃金・価格設定スタンスが次第に積極化」するという見通しを一貫して示していた。注22「マクロ的な需給ギャップがプラス」とは人手不足の状態のことであり、それが続けば賃金は上がる、というのが当時の日銀の公式見解だったわけだ。結局、賃金が上がる前にアベノミクス景気自体が終わってしまったため、この仮説の正しさはわからずじまいであった。

もうひとつ、これは公式見解ではないが、もっと人手不足になれば賃金は上がる、という見方も日銀内にはあった。例えば、失業率が2・5％前後で推移していた2018年6月の金融政策決定会合では、「わが国の構造失業率は2％前後である可能性がある」（同会合の議事要旨）との意見が出されている。つまり、失業率が当時の2・5％からさらに2％前後まで低下すれば、賃金の上昇も本格化するはず、という見方である。この仮説の当否もわからないまま、アベノミクス景気は終わってしまった。

有力な仮説は多いが決め手はない

ただ、いずれにしても、指標によってはバブル期以上に労働需給が引き締まっていたのだから、既にその時点でなぜ賃金が上がっていなかったのかが問われなければならない。その謎を正面から解こうとする試みも多くなされ、タイトルがそのものずばり『人手不足なのになぜ賃金が上がらないのか』という書籍も出版された（玄田編（2017））。編者を含め22名の専門家からなる論文集であり、総力戦でこの難問に挑んだ意欲作である。

そこでは多くの仮説が提示されており、現時点でもそれぞれ傾聴に値する。いくつか例を挙げると、①人手不足が深刻な福祉や介護などでは制度的な制約により賃金が上がりにくい、②成果主義的な賃金制度の広まりが結果的には賃金を抑制している、

注22　展望レポートは正式には『経済・物価情勢の展望』という。日銀が四半期に1度公表する。経済・物価の現状評価と見通し、金融政策の考え方に関する日銀の公式見解が書かれている。

③賃金水準の低い非正規労働者のウエイト上昇が平均賃金を押し下げてきた[注23]、④賃金が不況期に下方硬直的なため好況期には上方硬直的になる、⑤就職氷河期世代が十分な能力開発を享受できなかった、⑥企業からみれば社会保障負担の増加分だけ雇用コストは上がっている、などである。これら以外にも、もっともな見解が多く所収されている。

ただ、同書の編者は「何か一つの原因を取り除けば、一気に人手不足が解消されたり、突然賃金水準が上昇し始めたりするような単純な状況ではない」とまとめており、筆者も同感である。アベノミクスと同じでは賃金は上がらない、という岸田政権の問題意識は正しいが、賃金が上がらない理由をどう認識すれば良い処方箋にたどり着けるのか、そのコンセンサスは今もない。

筆者もそれを提示できるわけではないが、さらに議論を深める価値があるとみられる論点を、大局的に三つ述べておきたい。

分配問題の側面はやはりある

第一に、「資本対労働」という古典的な対抗軸に国がどう関与すべきかである。1－5で述べたとおり、企業はアベノミクス景気の追い風のもとで、人件費を抑制しながら大幅増益を実現し、株主還元を強化した。賃金を上げる原資がなかったわけではな

図1-10　労働分配率

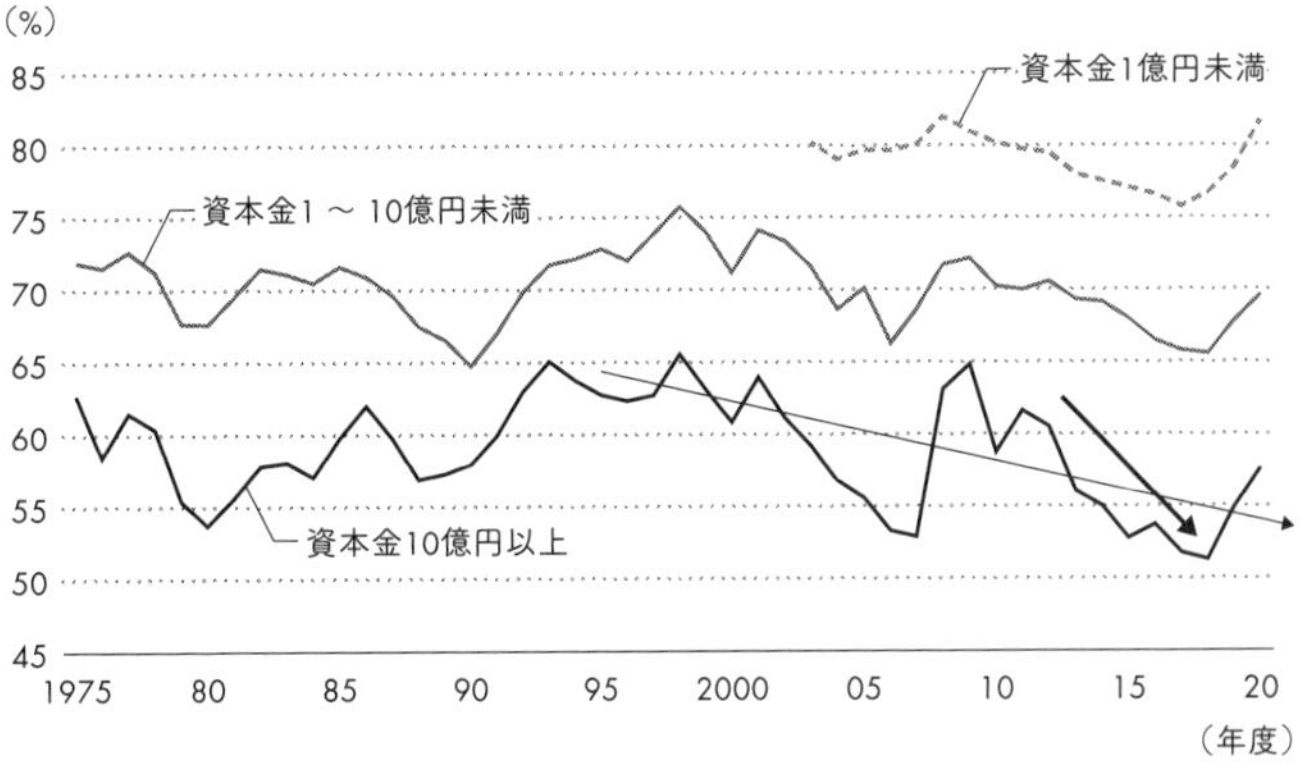

(出所) 財務省「法人企業統計」より筆者作成

く、賃金の伸びを抑制したのは企業の経営判断である。その結果は、労働分配率(＝人件費／付加価値)の大幅な低下である(図1－10)。

さらに言えば、労働分配率はアベノミクスの期間だけでなく、振れを伴いつつ中長期的にも低下傾向にある。こ

注23　図1－7の賃金は短時間労働者も含めた一人当たり平均なので、アベノミクス景気のもとで短時間労働者のウエイトが高まったことも、賃金の押し下げ要因になっている。言い換えれば、時間当たりの賃金は図1－7で見るよりも上昇している。ただし、所得は時給と労働時間の掛け算なので、消費支出への影響という意味では「一人当たり」賃金も重要である。

れは国際的にも見られる傾向であり、その背後に技術革新やグローバル化などの要因があることが、学術研究でも広く指摘されている。注24 技術革新は労働を新技術で置き換えやすくし、グローバル化は高賃金労働を新興国・途上国の安い労働力で置き換えやすくする。いずれも労働者の対抗力（バーゲニング・パワー）を低下させ、とくに中程度のスキルの労働者への影響が大きいとされる。

こうした問題意識自体は広く浸透していると思われるが、それに対するよくある処方箋は「デジタル化や人材投資で生産性を高め、労働市場の流動性も高めるべき」という議論である。しかし、このあと触れるように、①誰が人材投資を行うのか、②デジタル化でマクロの生産性を伸ばすことができるのか、③労働市場改革とセットになるべきセーフティネットをどうするのか、など付随する論点がいくつもある。

「資本対労働」において後者の力が構造的に弱まってきているのであれば、そのバランスを是正するために、財政資金の投入を含めて国がどこまで本気で関与するかが、最終的には問われるように思う。この点は2－7で改めて考えてみる。

メンバーシップ型雇用も論点ではある

第二に、景気変動に対して企業が事実上担っているセーフティネットを、どう評価するかである。これも1－5で触れたが、主として大企業の正社員に見られるメンバーシップ型の雇用形態は、それ自体がある種の「雇用保険」として機能している。

改めて先ほどの図1－10を見ると、アベノミクス景気の後、コロナ禍で景気が落ち込んだ局面では、労働分配率が反転上昇している。企業収益が悪化する局面では、雇用が守られるだけでなく、賃金の引き下げも限定的なのである。「人手不足でも賃金が上がらない」という現象は、「会社が苦しい時でも賃金は下がらない」こととセットで考えれば、その「保険契約」の対象労働者にとっては、一方的に不利とは言い切れない。

それでも、こうした「保険契約」が埋め込まれたメンバーシップ型の雇用形態を、米欧で主流のジョブ型雇用の方向へ近づけていくべきと考えるかどうかは、大きな論点である。それは必ずしも、その方が経済成長に資すると明確に言えるからではない。ジョブ型が中心の米欧の方が、日本よりも生産性上昇率が高いという証拠はない。

むしろ、メンバーシップ型雇用をどうするかは、同一労働同一賃金、女性活躍を含めた多様性、ワークライフバランスなど、「社会的公正」をどう考えるかということと密接に関わる論点である。[注25] そのうえで、仮にジョブ型を目指すなら、そのもとで賃金が全体として上がるようにできるかどうかは、また別の問題として考える必要がある。

注24　例えばＩＭＦ（２０１７）の第３章が、既存研究のサーベイも踏まえてこの問題を論じている。

中小企業の成長力

第三に、中小企業の成長力をどう考えるかである。三たび図1－10に戻ると、企業規模が小さいほど、労働分配率がもともと高いうえに、アベノミクス景気の間の変化としても低下の度合いが小さい。これには業種構成の影響もあるとみられるが、中小企業では賃上げの原資自体が大企業ほど拡大しなかった。さらに、法人企業統計でも捕捉されていない個人企業は、その収益がGDP統計の「混合所得」に分類されており、それがアベノミクス景気の6年間で14％減少している。

つまり、中小・零細企業では、人手不足でも賃上げの原資が捻出できず、働き手が確保できないなら廃業や業容縮小を余儀なくされる、というケースが少なくないのだと考えられる。「賃金が上がらない」という現象は、グローバル企業の場合は「分配」問題としての側面が重要かもしれないが、中小企業の場合は「成長」問題と関連する度合いがより強いと考えられる。その中小企業の成長問題には、中小企業政策のあり方も影響しているとみられる。この点については2－5で述べる。

注25　濱口（2021）は、日本のメンバーシップ型雇用の特殊性や、そこから派生する様々な問題について、筋道立てて解説している。ジョブ型に関するよくある誤解についても、丁寧な説明がある。

〔1-8〕 格差のマクロ経済的な含意

格差はグローバルな政策課題

分配と関係する「格差」の問題にも触れておきたい。世界的に見ると、格差問題は2010年代の半ばごろから強く意識されるようになった。トマ・ピケティの『21世紀の資本』（邦訳みすず書房）が出版されたのは2014年である。[注26] 同書は、15年かけて作成された米欧の所得・資産分布を巡る詳細データを基に、1980年代以降の米国を中心に、上位1%への富の集中が進んだ事実を明らかにした。さらに、富の集中が進む背景として、資本収益率（r）が経済成長率（g）よりも高い（r＞g）がゆえに、資産保有者と労働者の格差は拡大し続けるというメカニズムを説明している。そうした非可逆的なメカニズムに対抗するうえで、望ましい政策措置として提唱されたのが、国

注26　Piketty（2014）。なお、原著は仏語で2013年に出版されている。

際的な累進資産税の導入である。こうした主張や政策論には懐疑的な見方も少なくなかったが、世界の経済論壇に大きなインパクトを与えたことは確かである。[注27]

同書が大部の専門書であるにもかかわらず、一般書店に山積みされる話題作になったのは、同書の学術的価値だけでなく、格差問題に対する人々の関心の大きさによるものであろう。背後にあった大きな流れとして、2007～08年の国際金融危機の後、危機自体への対応が一段落しても、経済成長が一向に加速しないという閉塞感《へいそくかん》があった。

それ以前も格差問題が無視されていたわけではない。ただ、国際金融危機以前の新自由主義全盛の時代には、「貧困は良くないが、富める者がさらに富むことは問題にしなくてもよい」という考え方が優勢であった。むしろ成功報酬こそ経済成長の原動力と考えられており、再分配が成長にとってプラスという可能性はあまり意識されていなかった。90年代半ばから米国経済が情報技術の進歩で高成長を続け、2000年代に入ると新興国の台頭もあって世界経済全体が高い成長を謳歌《おうか》した。実際に成長が続いている間は、格差は「必要悪」という認識が大きくは変わらなかった。

しかし、市場メカニズムへの楽観論は、2007～08年の国際金融危機を境に大きく後退した。危機後の回復はきわめて緩やかで、失業率の改善も緩慢なものにとどまった。パイが増えないうえにトリクルダウンが乏しいとなれば、格差問題は放置できない。このころから、経済協力開発機構（ＯＥＣＤ）や国際通貨基金（ＩＭＦ）などの国際機関も、再分配政策は成長の重荷になるのではなく、むしろ成長を高めるという理論武装をするようになった。[注28]

格差が成長率を低下させるメカニズム

主に先進国を念頭に置いた場合、格差が経済成長にマイナスの影響を与えうるメカニズムとして、代表的なものを挙げると次の三つである。

第一に、低所得層が十分な教育機会を得ることができないと、その分だけ人的資本の形成が損なわれ、長期的な成長の低下につながる。この議論では、富裕層に富が偏ること自体は必ずしも重要な問題とはされず、低所得層の教育を底上げする必要性が強調される。[注29]

注27　同書につき岩井（２０１４）は「おそらく、今後、数十年議論の対象になる重要な本だ」と述べている。
注28　Cingano（2014）、Ostry et al.（2014）、OECD（2015）など。
注29　これはCingano（2014）が強調している経路であり、とくに下位40％の教育の底上げが重要とされている。

第二に、所得分布が偏ると、経済全体として所得から消費への波及が弱くなる。これは、高所得層は所得を消費に回す割合が低い一方、低所得層は所得自体が制約となって消費できないからである。所得格差が拡大するほど、世の中は「お金があって使い切れない人」と「使いたくてもお金がない人」に分かれてしまう。この経路が働く場合は、上位層の所得が増える形で格差が拡大することも、経済成長にマイナスとなる。[注30]

第三に、金融資産が富裕層に集中する一方、中低所得層の資産形成が進みにくい状況では、中低所得層は、例えば住宅取得のための借り入れ依存を強めざるをえない（Mian et al.（2021））。そうした債務の返済負担が中低所得層の消費を抑え、経済全体の成長を鈍らせることになる。とくに住宅価格が大きく下落すると、中低所得層のバランスシート制約はさらに厳しくなり、経済全体の低成長の要因になるとともに、格差がさらに拡大するという悪循環につながる。[注31]

このように２０１０年代以降、格差は社会的な問題としてだけでなく、マクロ経済への負の影響という視点からも論じられる度合いが強くなった。その中で、世界のリーダーたちの認識も徐々に変化した。２０１５年には国連サミットで「持続可能な開発目標」（ＳＤＧｓ）が採択された。20か国（Ｇ20）首脳宣言においても、２０１６年の杭州サミット以降、目指すべき成長の姿として「強固で（strong）」「持続可能で

（sustainable）」「均衡ある（balanced）」という従来からの3つに、「包摂的な（inclusive）」という4つ目の形容詞が加わった。米国の財界ロビー団体であるビジネス・ラウンドテーブルも2019年8月、企業価値の最大化を目指す「株主資本主義」を修正し、より多様な価値観も尊重する「ステークホルダー資本主義」を強調する宣言を出した。

こうした政財界の意識の変化が、実際の政策や企業行動にどの程度反映されてきているのかについては、現時点では評価が定まっていない。コロナ禍では、株価が大幅に上昇し、対面サービス関連の人々が打撃を受けるなど、格差はむしろ広がった。

米国バイデン政権も、企業や富裕層への課税を強化し、中低所得層の暮らしや教育を支える方向に、政策のベクトルを大きく変えようとはした。「小さな政府」を重視してきた過去40年ほどの米国の政策思想に、何らかの変化が起きていると見ることは可能かもしれない。2021年7月のG20財務相・中央銀行総裁会議では、法人税の最低税率の設定（少なくとも15%）や、巨大ＩＴ企業を念頭に置いたデジタル課税の導入に

注30　例えばEggertsson and Mehrotra（2014）は、こうした所得格差の影響を、長期停滞の理論モデルに組み込んでいる。

注31　Mian and Sufi（2014）は、米国サブプライムローン危機後の低成長および一段の格差拡大を、中低所得層のバランスシート調整を軸に論じている。

向けて、「歴史的な合意」（声明文）とされる前進があった。ただし、以上の動きがコロナ後の世界経済に、本当に意味のある変化をもたらすのかどうかはまだわからない。前述のバイデン政権の政策を具体化するための「より良い復興（Build Back Better）」法案も、結局は議会の支持を得られず、大幅な後退を強いられた。

大富豪は少ないが中間層も薄い日本

日本は、米国に比べれば格差が小さい国である。しかし、米国は先進国の中でも特殊な国であり、ＯＥＣＤ諸国全体の中で見れば日本の格差は小さい方ではない。[注32] 例えば、可処分所得（再分配後の所得）について、不平等度を表すジニ係数を見ると（原則２０１８年、数字が大きいと不平等度が高い）、日本は０・34でありＯＥＣＤ諸国平均の０・32をやや上回る。[注33] ちなみに米国は０・39と不平等度が高い。また、可処分所得の上位20％と下位20％の倍率を見ると、日本は６・２倍であり、ＯＥＣＤ諸国平均の５・３倍をやや上回る。こちらも米国は８・４倍とかなり高い。上位10％層と下位10％層の所得格差についても、この傾向は変わらない。

ところが、資産保有に関する上位１％のシェアを見ると、日本は11％であってＯＥＣＤ諸国平均の19％よりも大幅に低い。この比率は米国が40％で圧倒的に高く、2位のオランダ（27％）を大きく引き離している。このように所得よりも資産の分布で見ると、米国という国の異様さが一段と際立つ。

以上からわかることとして、日本にはいわゆる「大富豪」に当たる資産家は少ない。日本が比較的平等な国というイメージがあるとすれば、資産に関するこうした事実を反映しているのだろう。しかし、所得についてはジニ係数や上位20％／下位20％、上位10％／下位10％の格差が示唆するとおり、日本は中間層近辺の分布が上下に広がっており、「中間層の厚み」があるとは言いにくい。しかも、それは税や社会保障を加味した後の姿なので、日本は財政の再分配機能も優れた国とは言えない。

こうした日本の中間層の薄さは、相対的貧困率が37か国中で上から7番目、という事実にも表れている。注34 相対的貧困率は、所得分布の中央値（メディアン）に比べ、半分以下の所得しかない人の割合なので、極端な貧困は少なくても「そこそこの貧困」が多いとこの数字は高くなる。

注32 以下の計数は、*OECD Income（IDD）and Wealth（WDD）Distribution Databases* による。
https://www.oecd.org/social/income-distribution-database.htm
注33 可処分所得で捉えているので、保育サービスなどへの現物給付を通じる再分配は含まれない。なお、ジニ係数は完全に平等な状態が0、一人がすべてを独占する場合を1とする不平等の尺度。
注34 ＯＥＣＤの加盟国数は38か国であるが、コロンビアの報告計数がない。

さらに、セーフティネットにも格差がある。例えば、非正規雇用のように脆弱《ぜいじゃく》な立場にある人々ほど、雇用保険の受給資格が厳しい。[注35] セーフティネットは、人々の安定的な暮らしを守るためのものであるが、安定的な暮らしが失われる確率が高い人々ほど頼れるセーフティネットが弱いという矛盾は改善すべきだろう。

こうした様々な格差が日本の中長期的な個人消費の動向、ひいては潜在成長率にどのように影響しているのかについては、あまり研究が進んでいないように思う。たとえそこまでいかなくても、格差や貧困の実態をさらに明らかにしていくことは重要であり、少なくとも貧困については、経済成長への含意とは関係なく、それ自体を是正する政策努力が求められる。

注35　酒井（2020）は、日本の社会保障の至るところにセーフティネット格差の問題が存在していることを、多様なデータで詳細に分析している。

第2章

正しい「成長戦略」の難しさ

(2-1) 日本の生産性は低いという通説

現状の過小評価と将来の楽観

日本の潜在成長率が低いのは、①日本が先進国である、②人口の減少・高齢化が進んでいる、という二つの理由でほぼ説明できるということは、1-3で述べた。

逆に言えば、これほど急速に高齢化が進む国で今以上に成長率を高めるには、他の先進国にはない「卓越した成長の力」を獲得しなければならない。政府の成長戦略や企業経営者の努力が足りない、とメディアや識者が批判するのは構わないが、それがどれほど困難なことであるかも認識しておくべきである。

筆者があえてそう言うのは、成長戦略を巡る多くの議論が、「日本の生産性は他の先進国に比べて著しく低い」という認識から出発しているからである。「今の生産性が低い」という認識は、「今までは改革をさぼっていた」「だから今後は伸びしろがある」という認識を生む。過去と現在の過小評価は、将来に関する根拠なき楽観につながる。

日本の生産性が低いという認識の基は、生産性の国際比較でよく使われるＯＥＣＤ

図2-1　労働生産性の水準

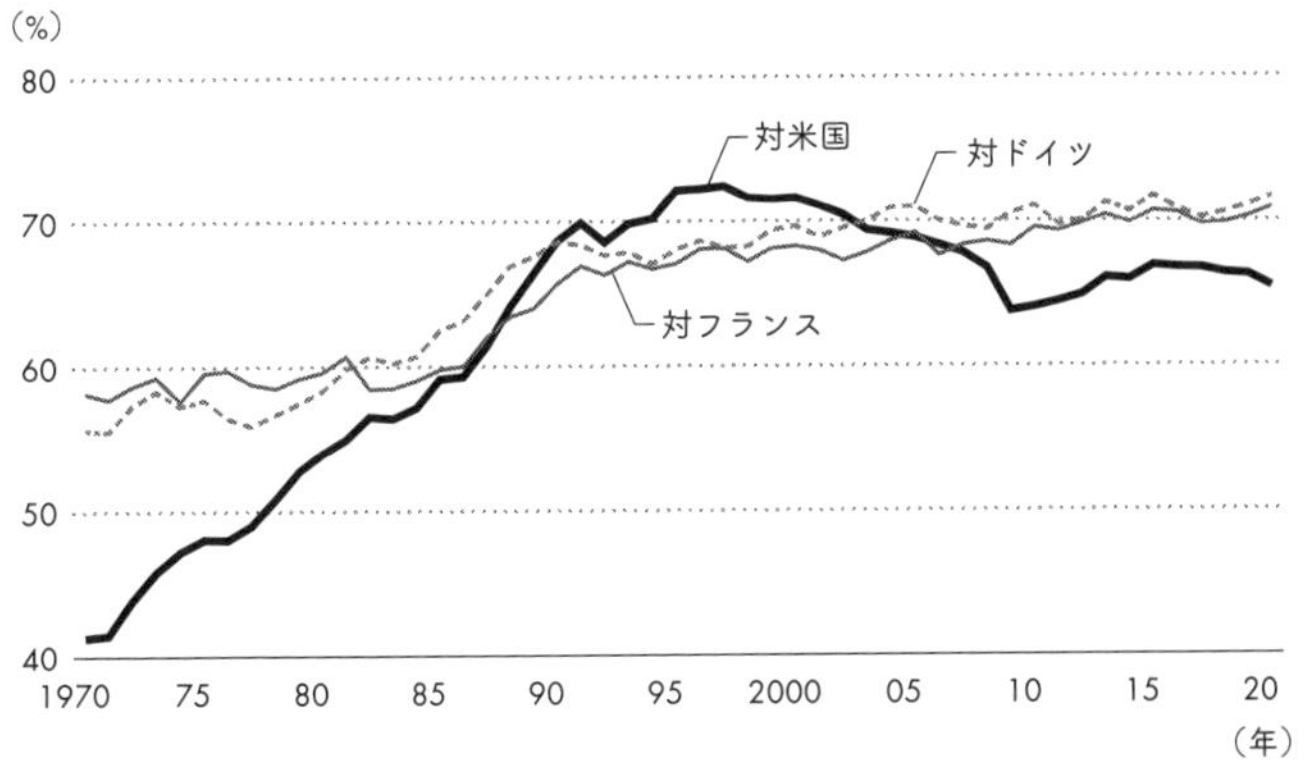

（注1）労働生産性＝実質GDP／総労働時間
（注2）相手国を100とした時の日本の水準
（出所）OECDより筆者作成

のデータにある。[注1] 図2－1はそのデータを使って、日本の労働生産性（実質GDP／総労働時間）の水準が、相手国のそれを100とした場合にいくつになるかを示したものである。例えば、2020年の日本の生産性は、米国を100とすればわずか64・8である。確かにこのデータから見る限り、日本の生産性は米国に比べて35％も低い。[注2] 対米国だけでなく、対ドイツや対フランスで見ても、日本の生産性

注1　日本生産性本部はこのOECDのデータを基礎に、労働生産性の国際比較に関するレポートを年に1回公表している。

の水準は3割近くも低い。

このデータを額面どおり受け止めれば、確かに「日本経済は本当にだめだ」という認識になる。長期にわたるデフレですっかり活力が衰えた、デジタル化で後れを取った、生産性が低い企業を甘やかしている、労働市場の流動性が足りない、などと日本の特徴を探してみては、それが低成長の原因だと糾弾することになる。

それは同時に、「発射台が低いのだから、日本のだめな部分さえ直せば成長できる」という楽観を生む。デフレから脱却する、デジタル化を進める、ゾンビ企業を退出させる、解雇規制をなくす、といったようなことで日本はまだまだ成長できる、と話が単純化される。

サービスの生産性は比較が難しい

この議論の出発点は生産性の「水準」の国際比較にあった。結論から言うと、この比較からはあまり多くを読み取らない方がよいと思う。先進国経済で大きなウエイトを占めるのはサービスなどの非製造業であり、その生産性の「水準」を国際的に比べることには原理的な難しさがある。生産性の水準を比べるには、品質をそろえた同じ価値の財やサービスについて、それを生み出すのに要する労働投入量を比べる必要がある。そういう比較は、自動車や家電製品のようにどの国でも同じような使われ方をする貿易財については、それなりの精度で行うことができる。

しかし、サービス産業が生み出す価値は、それぞれの国の文化やライフスタイルと密接不可分である。「品質もそろえた同じ価値のサービス」など、国が違えば存在しない場合が多い。米欧諸国間の比較はまだよいとしても、日本のように米欧と生活習慣が異なる国は比較が難しい。例えば日本の温泉旅館や寿司屋の生産性を、米国の何とどう比べたらよいのだろうか。日本の医療体制はコロナ禍では様々な課題に直面したが、少なくとも平時の医療サービスが日本ほど便利な国はない。町の交番を含めた日本の治安サービスは世界に冠たる質を誇るとされる。「便利」「安全」「正確」「清潔」などがもたらす価値は、生産性の国際比較には反映されにくい。

業種別に見た場合、日本の卸小売業の生産性は米国に比べて6割以上も低いという試算がある（滝澤（2016））。しかし、広い商圏の人々が自家用車で巨大スーパーに乗り付ける米国では、従業員一人当たりの売上げが大きくなるのは当然である。徒歩圏に中小スーパーやコンビニが点在し、そのことにこそ人々が便利さを感じる日本とは、小売業といっても全く違うビジネスである。2021年の東京オリンピックで来日し

注2　2020年に日米の生産性格差が広がったのは、基本的にコロナ禍の影響である。この点は2－2で改めて述べる。

た外国人が、日本のコンビニや冷凍食品の素晴らしさに感動したと伝えられているが、その感動も生産性のデータには反映されない。

こうした例を挙げればきりがない。生産性の基になっているデータは実質GDPであり、それは収益や所得など金額で把握された価値を集計したものである。「プライスレス」の価値を重んじる日本のサービスの「質」は、生産性の国際比較においては厄介きわまりない。

もちろんこれは、専門家の間ではよく知られている問題である。そこで、アンケート調査を使ってサービスの質を調整し、そのうえで日米の生産性を比較するという研究も行われている。例えば、深尾ほか（2018）が用いたアンケート調査では、日米両方の事情を知る日本人と米国人それぞれ400〜500人に対して、29分野の個人サービスについて、払ってもよいと思う価格の日米比率を聞いている。その比率に日米間のサービスの質の違いが反映されている、とみなすのである。その結論は、日本の方が概してサービスの質は高いが、その程度は1〜2割であり、サービス業で5割程度と推計される日米生産性格差の一部しか説明できないというものであった。

差があるとしても「埋まる差」なのか

こうした研究もあるので、サービスの質を調整しても日本の生産性は低い、というのが定説になっている。ただ、それでも筆者は、「生産性の水準が低いので伸びしろがある」と考えることには慎重であった方がよいと思う。

なぜかというと、このデータで見る限り、日本の生産性の「水準」が米欧より3割ほど低いという関係は、過去30年にわたりほとんど変化していないからである（前掲図2－1）。このデータで捉えられている格差は、非常に変わりにくい何らかの構造的な格差を表している可能性が高い。それがサービスの質などを反映したものなのか、本当に日本人が劣っていることを反映したものなのかは、よくわからない。いずれにせよ、この約3割の開きは、簡単に縮められる性格のものではないと考えておくべきだろう。

日本の成長戦略はアベノミクスに始まったわけではない。バブル崩壊から間もない90年代半ばごろから、かれこれ30年近く、規制緩和を含む様々な改革が行われてきた。「これまでは努力が足りなかった」「これから心を入れ替えて頑張ればよいだけのことだ」と言われても、直ちには納得しがたい。本当に30年間努力が足りなかったのであれば、これからの30年間も努力が足りずに終わる可能性が高いだろう。

（2－2）生産性上昇率は米欧も低い

比較すべきは生産性の「上昇率」

異なる国の生産性の「水準」を比べることは難しいとしても、生産性の「上昇率」ならより意味のある比較ができる。図2－2は、生産性（＝実質ＧＤＰ／総労働時間）の前年比上昇率の推移である。上昇率で見る場合のひとつの問題点は、年ごとの振れが大きくなることである。景気循環の影響を受けるほか、たまたま良い年や悪い年がある。そこでこの図では、前年比上昇率を5年間の後方移動平均で表している（例えば２０２０年のデータであれば２０１６～２０２０年の平均）。

もうひとつの留意点は、国ごとの労働市場の性格の違いが、とくに景気後退局面の生産性上昇率に影響することである。例えば米国では、景気が悪くなるとすぐに労働者を解雇するため、景気後退期に生産性上昇率が低下しないか、むしろ上昇する傾向がある。逆に日本の企業は景気後退期で仕事がなくても雇用の維持に努めるため、その局面で生産性上昇率が低下しやすい。例えば、直近の２０２０年に米国の生産性上

図2-2　労働生産性の上昇率

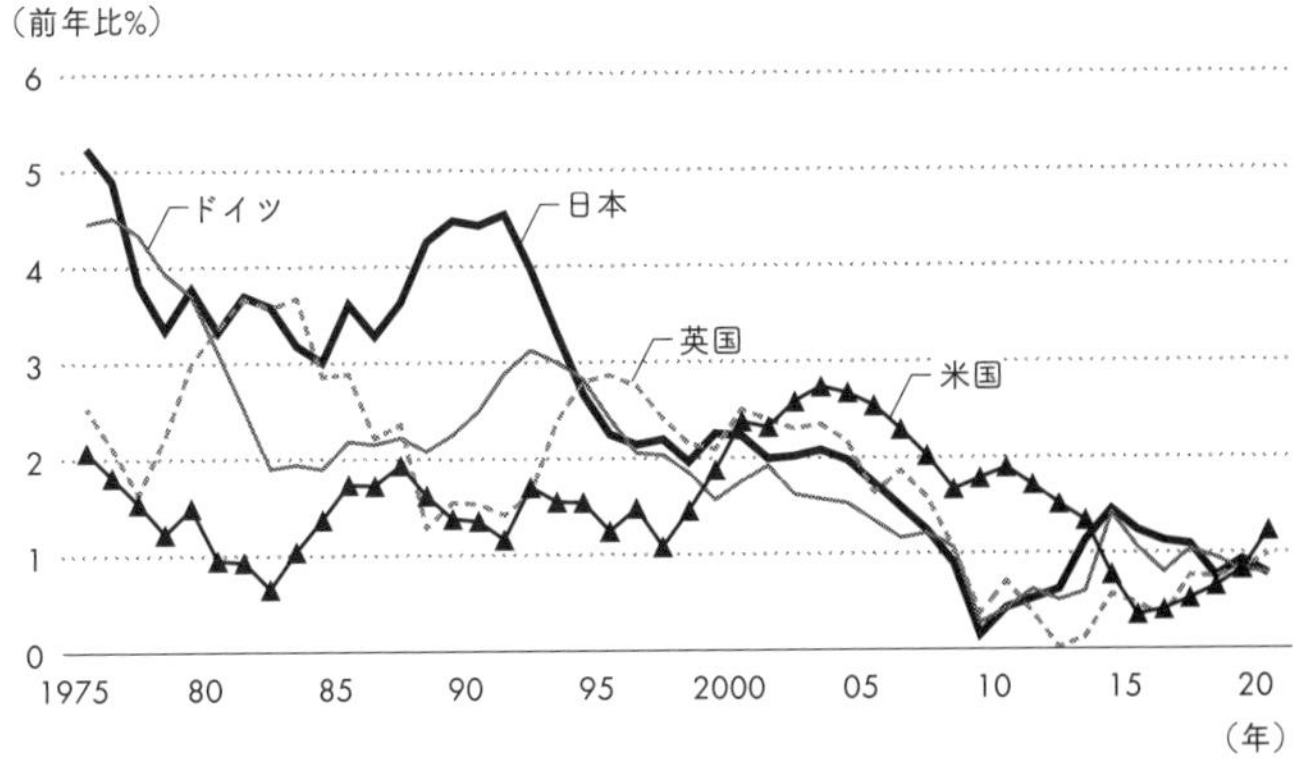

（注1）労働生産性＝実質GDP／総労働時間
（注2）5年後方移動平均
（出所）OECDより筆者作成

昇率が（5年平均で見ても）高まっているのは、コロナ禍の影響が大きい。米国ではコロナ第一波でいきなり2000万人以上の雇用が削減された。同じ局面で日本の企業は、雇用調整助成金も使いながら雇用の維持に努めた。リーマンショック直後の2009〜2010年ごろ、米国の生産性上昇率が意外に高いのも、同じ理由によるものである。

先進国はみんな「失われた30年」

以上のことに注意したうえでこのデータを見ると、五つのことがわかる。

第一に、長期的に見ると、生産性上昇率の低下傾向は先進国に共通する現象である。第二に、90年代半ばごろから近年まで、日本の生産性上昇率はドイツや英国とあまり変わらない。日本が「失われた30年」だったと言うならドイツや英国も「失われた30年」だった。

第三に、90年代初頭までは日本の生産性上昇率が一番高かった。そのころ、米国の生産性上昇率は一番低く、日米の間には歴然たる差があった。日本が「ジャパン・アズ・ナンバーワン」と称賛され警戒されたのも、十分うなずけるほどの差である。その日本の生産性上昇率はバブル崩壊で急低下し、それでようやく他の先進国と同じぐらいになった。

第四に、90年代末ごろから２０１０年代初頭にかけて、米国の生産性上昇率がいったん高まった局面がある。このグラフが5年後方移動平均であることや、リーマンショック後は雇用削減によって生産性が押し上げられたことを勘案すると、米国の生産性上昇率が本当に高かった期間は、90年代後半から２０００年代半ばの10年程度と考えられる。確かにこの局面では日米の関係は明確に逆転した。米国との比較を念頭に置いて「日本はだめだ」と評する習慣は、日本がデフレだったこともあり、この局面で日本の経済論壇に深く根を下ろしたように思う。

ところが第五に、２０１０年代になると、その米国も生産性上昇率が低下してしまう。その結果、どの先進国の生産性上昇率も、１%程度ないしそれ以下の領域で似たり寄ったりとなった。なぜかこの時期の日米比較では、ＧＡＦＡの躍進や企業の時価総額ランキングばかりが注目され、米国の生産性上昇率が再び低迷したことは日本ではあまり語られなかった。[注3] しかし、一国の経済成長と密接な関係にあるのは、株価ではなくて生産性上昇率である。２０１０年代も含めて日本を「失われた30年」と言うなら、米国も大局的には「失われた30年」であり、米国の方が途中で少し良い時期があっただけにすぎない。

米国の生産性上昇率が低下した理由

米国の生産性上昇率が２０１０年代に低下した理由として、様々な仮説があるが、大きく三つに整理できる。

第一に、供給面に着目する考え方である。典型的には、コンピューターの普及が90年代後半から生産性上昇率を押し上げたが、２０００年代半ばには情報通信技術がひと通り行き渡り、生産性を押し上げる勢いがほぼ出尽くした、というものである

注3　ＧＡＦＡとは、グーグル、アップル、フェイスブック、アマゾンのこと。フェイスブックは社名がメタに変わっているが、ＧＡＦＡという言葉が長く使われてきたので、本書でもそれを使う。

（Fernald et al.（2017））。

そもそも長い歴史の中で見れば、１９２０〜70年ごろの半世紀が高い生産性上昇率の続いた特別な時代だった、ということを示す大著も出版されて話題になった（Gordon（2016））。確かにその半世紀は、電気、自動車、医療などのイノベーションが、人々の暮らしを大きくかつ連続的に変えた時代であった。これを歴史上1回限りの「大きな例外」とすれば、１９９０年代後半からの情報系のイノベーションは「小さな例外」に当たる。その「小さな例外」も２０００年代半ばに終わったのだとすれば、２０１０年代に生産性上昇率が低下したのは当たり前である。この歴史観が正しいとすると、米国に限らずおそらく他の先進国も、何らかの偶然によって「次の例外」が訪れない限り、生産性上昇率が高まる展望は乏しいということになる。

第二に、需要面に着目する考え方である。代表的なのは、ローレンス・サマーズによって復刻された長期停滞論である[注4]（Summers（2014, 2016））。近年の先進国経済は、投資に対して貯蓄が過剰な状態となっており、それが低成長や低金利をもたらしているという議論である。長引く低成長の主因は過剰貯蓄すなわち需要不足にあるという考え方なので、主たる処方箋は財政赤字の拡大になる[注5]。

第三に、分配の偏りに着目する考え方である。１－８で述べたように、所得や富が上位に集中すれば、総需要が伸びにくくなりその面から生産性上昇率が抑制される。

また、近年は少数の巨大企業の市場支配力が強まる傾向があり、そうした巨大企業は概して労働分配率が低いため、結果的に格差を広げているという指摘もある（Autor et al.（2020））。そのようなメカニズムが働いているとすれば、２０１０年代の米国において、一方でＧＡＦＡのような時価総額の大きな企業群が躍進し、他方でマクロの生産性上昇率の低下が見られたことは、一応整合的に理解できる。

なお、関連した論点として、統計が正確ではない可能性を巡る論争もあった。すなわち、無料で利用できるプラットフォーム型の価値創造は、ＧＤＰ統計に十分反映されず、生産性の過小評価につながっている、というのである。[注6] これに対しては、過去の技術革新もＧＤＰ統計に正確に反映されていたわけではなく、２０１０年代だけが特別ではないという分析もある（Byrne et al（2016））。筆者は後者に共感を覚えるが、正確

注4　もともと「長期停滞（secular stagnation）」は、１９３０年代にアルヴィン・ハンセンらによって使われた用語である。

注5　サマーズは財政支出の中身について、インフラ投資や教育など中長期的な生産性の向上に資する「賢い支出（ワイズ・スペンディング）」の重要性も強調している。その意味では供給面の要因も意識されているが、長期停滞論の圧倒的な力点は、過剰貯蓄すなわち需要不足の問題に置かれている。

注6　コンピューターやＡＩが経済社会に与える影響を掘り下げて話題になった Brynjolfsson and McAfee（2014）にも、その経済的なメリットが公式統計に反映されていないとの指摘がある。

なところはよくわからない。

先進国の低成長はグローバルな現象

以上で紹介した需要不足や分配の偏りなどは、グローバル化した経済環境とも関連がある。例えば、先進国における労働分配率の低下圧力は、新興国・途上国との競争が一因になっていると理解されている。また、市場がグローバルな広がりを持つ環境においては、標準化、ネットワーク化、ブランド化に成功すれば圧倒的な勝利者になれる可能性がある。「規模の経済」が働く領域が広がり、巨大企業への集中が進みやすくなったという面もありそうだ。

もちろん、グローバル化がどの程度、先進国の生産性上昇率を低下させてきた要因なのかは、より精緻な分析が必要である。それでも、生産性上昇率の長期的な低下トレンドが、先進国共通に見られる現象であるという事実は重い。そこには何らかのグローバルな要因が働いている可能性が強く疑われる。21世紀の先進国にとって、生産性上昇率の引き上げはかなりの難題である。日本の成長戦略を巡る議論においても、そういう認識は持っておく必要がある。

（2―3）ミクロからはわからないマクロ

「生産性を高めれば成長できる」の落とし穴

「経済成長を高めるにはどうすればよいか」「賃上げには何が必要か」という問いに対し、「生産性を上げること」という「答え」を挙げる人が多い。これはおかしい。「おかしい」というのは間違っているという意味ではなく、当たり前すぎて意味がないという意味である。

マクロの生産性は実質GDPを労働投入量（総労働時間）で割ったものである。このうち労働投入量は、中長期的には人口動態でほとんど決まってしまう。したがって、成長戦略が念頭に置く中長期で見れば、経済成長率の引き上げは、生産性上昇率の引き上げとほぼ同義である。「経済成長には生産性の向上が必要」と言うのは、「病気にならないためには健康でいることが重要」と言っているようなものである。

こうした単なる言葉の置き換えが、さも経済成長への処方箋であるかのごとく語られるのはなぜなのだろうか。好意的に解釈すれば、生産性という切り口でアプローチすることにより、成長戦略に関連する理論・実証研究のアイディアが広がる、ということだろう。[注7] 発想を豊かにするには、言葉の置き換えも重要である。

それはそれでよいのだが、言葉の置き換えには落とし穴もある。「経済成長」ではなく「生産性」という言葉を使った瞬間に、「それならみんなで頑張ればできる」という根拠なき楽観が生まれる。理由は二つある。

第一に、2－1で述べたように、「日本の生産性の水準はとても低いので、そこからの引き上げならできるはずだし、できなければならない」という認識である。しかし、生産性の「水準」の国際比較から強い含意を引き出すべきでないことは、そこで強調したとおりである。

第二に、生産性の向上は多くの企業が取り組んでいることなので、「それを日本全体に横展開すればよい」という誤解を生みやすい。確かに個々の企業を見れば、デジタル化などで生産性改善に成功している事例はいくらでもある。うまくいっていない企業がそれを取り込めるよう政策支援すれば、日本全体の生産性が上がる、という発想に陥りがちである。「中小企業の生産性を高めよう」「サービス業の生産性を高めよう」といった議論は、遅れている企業を底上げすれば経済全体が良くなる、という世界観に基づく面が大きい。

しかし、マクロはミクロの足し算ではない。個々の経済主体は千差万別であり、それぞれに強みや弱みや特徴があって、様々な競合・補完関係が形成されている。何か典型的なミクロの主体を念頭に置いて、その相似形としてマクロを語ることはできない。[注8]「みんなで頑張ればみんな強くなる」という単純な話ではない。

技術で伸びるvs需要で伸びる

ミクロとマクロの関係については、少なくとも次の三点を意識する必要がある。第一に、業種等の特性により生産性の引き上げやすさにはおのずと違いがある。第二に、ある経済主体の生産性引き上げ努力が他の経済主体に負の影響を与えることもある。第三に、マクロを決める「大きな力」をミクロの努力では克服できない可能性がある。

注7　森川（２０１８）は、膨大な既存研究を踏まえて生産性に関する様々な論点を網羅した力作である。しかもそれは著者自身が述べているとおり、「生産性をキーワードにした日本経済論ないし経済政策論」になっている。

注8　吉川（２０２０）は、１９８０年代以降の主流派マクロ経済学について、代表的な経済主体を想定し、その主体の合理的な行動からマクロを論じる構造になっている点が、現実のマクロ経済を理解するうえで全く役に立たない根本原因だと痛烈に批判している。供給面で決まると考えられることの多い中長期的な経済成長についても、需要面の重要性を強調しており、興味深い視点を提供している。

順番に見ていこう。

第一に、業種特性と生産性の関係である。例えば半導体やコンピューターなどは技術革新が速く、生産性はすさまじい勢いで伸びる。これはその分野の性格上そうなのであって、他の多くの分野では同じように生産性を伸ばすことはできない。例えば散髪というサービスは、昔も今も一人の人間が別の一人の人間の髪を切るというサービスであり、店内オペレーションやシャンプーの質などで限界的な改善はできても、革命的な生産性上昇（例えば一人で一度に十人の髪を切る）は起こらない。

「生産性の低い分野から高い分野に人や資本を移すべきだ」という議論がある。しかし、生産性が伸びるコンピューターや半導体だけをたくさん作ればよいというわけではない。散髪に従事する人たちはいつの世にも必要である。経済は、多様な財やサービスの需要と供給が相互にかみ合うことで発展する。もちろん同じ理髪店同士なら、価格の割にサービスの優れた店が生き残る。しかし、そうした競争も伴いながらうまく「分業」することこそ経済発展の原動力であり、分業が進んだ経済には「生産性で稼ぐ業種」「価格で稼ぐ業種」などがそれぞれの特性に応じて混在する。

半導体やコンピューターなどの産業では、生産性は上昇し続けるが、価格は下落し続ける（性能を調整した場合の価格下落はすさまじい）。一方、散髪など多くのサービスは、生産性が上がらなくても料金が上がり続けるのが普通である。日本は全体として低インフレの国なので、サービスの価格もあまり上がらないが、それでも半導体などと比べた「相対価格」は大幅に上昇し続けている。

半導体で稼いだ人たちも散髪に行くので、生産性が伸びる産業の「生産性が伸びた成果」は、価格を通じて生産性が伸びにくい産業に還元されていく。半導体でうんと儲かれば、散髪の料金は上がりやすくなり、理容師も含めて経済全体で賃金が上がりやすくなる。グレードアップしたサービスを求めて客がさらに高い料金を払うようになれば、その需要を取り込んだ理髪店は付加価値を高める形で生産性を上げることができる。

このように、マクロの生産性を考える場合には、産業間の波及効果や、それも含めた総需要の伸びがきわめて重要である。需要低迷のゆえに収益が上がらない理髪店に、無人レジや会計ソフトなどの投資を無理やり勧めても、それが生産性引き上げの鍵になるわけではない。

イノベーションはマクロの成長を保証しない

次に二番目の論点、生産性の引き上げ努力が他の経済主体に負の影響を与える可能性について考えてみよう。ミクロの生産性引き上げ努力は、様々な勝ち組と負け組を生む。例えば、企業が不採算事業を縮小し人員を削減すれば、その企業の生産性は確実に上がる。しかし、リストラされた人々は他に職を求めねばならず、多くの場合、より低賃金ないし不安定な働き方を強いられる。それは総需要の抑制要因となるので、マクロの生産性は上がりにくくなる。

また、企業がイノベーションで新たな需要創出に成功すれば、その企業は間違いなく成長する。しかし、イノベーションの中には競合他社から需要を奪うものもある。GAFAは高成長の企業群であるが、同時に既存のビジネスモデルの破壊者という側面も持つ。とくにプラットフォーム型のビジネスモデルは、勝者総取り（winner-take-all）が価値創造の源泉である。勝ち組と負け組が入り乱れる結果として、マクロの生産性がどの程度押し上げられるのか、先験的に言えることは少ない。2010年代の米国のように、GAFAの時価総額が驚異的に膨張する一方で、経済全体では「長期停滞論」が語られるということも十分起きうるのである。

一般論としては、イノベーションは勝ち組と負け組を生むとしても、それが健全な競争の結果なら差し引きマクロの生産性にもプラス、と理解されている。競争による切磋琢磨《せっさたくま》を通じて、価値創造のレベルが全体として底上げされるからである。しかし、その「プラスサム」の程度が非常に大きいとは限らないし、時代によっても違うかもしれない。新興国・途上国のキャッチアップ圧力が働くグローバル環境では、先進国はよほどのイノベーションを起こし、かつその成果をうまく分配できない限り、大きな「プラスサム」を得ることは難しいかもしれない。

マクロに働く大きな力

そこで重要になるのが、第三の論点、すなわちマクロに働く「大きな力」をミクロの力で克服できるのか、である。生産性を巡る研究の中には、コーポレートガバナンス、社内教育、働き方、報酬のあり方などが生産性に与える影響を、ミクロデータを活用して分析しているものも多い。もちろんそれらは有益な研究だが、そうした知見が最も活きるのは、個々の企業への経営コンサルティングだろう。

マクロ経済には、高齢化、グローバル環境、所得や富の偏在など、様々な「大きな力」が作用している。そのもとにおける個別企業の生産性向上努力が、全体のパイを拡大させることにどの程度つながるかは定かではない。個人消費の弱さの関連で述べたように、グローバル環境という大きな力のもとでは、個々の企業によるミクロの「正しい」努力が、マクロ的には中間層の購買力を低下させる「合成の誤謬」をもたらす可能性もある。

結局、ミクロの生産性に関する洞察だけでは、マクロの生産性を高める処方箋は描けない。企業が生産性の向上に努めるほど、「合成の誤謬」でマクロが停滞するという可能性はないか。長期的なマクロの成長に必要な基礎研究や人材投資が、十分供給されないという「市場の失敗」はないか。このようにミクロの最適化とマクロの最適化のずれが生じている部分を見つけ出し、それを補正することこそが、経済政策で担うべき生産性向上の支援、すなわち成長戦略である。

（2-4）財政金融政策が成長を弱めているのか

「低金利が非効率を温存」への違和感

金融政策や財政政策については後の章で改めて取り上げるが、ここでは経済成長との関連で少し触れておきたい。手厚い財政金融政策が経済の中長期的な成長力をかえって低下させる、という批判が少なくないからである。

まず、金融政策に対してよくある批判は、低金利によって非効率な企業が温存され、潜在成長率の低下につながるというものである。この議論が正しい可能性はきわめて低いように思う。理由は二つある。

第一に、この種の議論は、生産性の低い企業を退出させれば、そこから人や資金が解放されて成長分野に移るというイメージで語られる。しかし、そういう移動を可能にするメカニズムは働くだろうか。生産性の低い企業に最後まで残っていた人が、成長分野で即戦力として高い賃金をもらって働ける可能性は高いだろうか。生産性の低い企業を無理やり退出させれば、失業が増えて経済に収縮圧力がかかるリスクの方が大きいだろう。

第二に、低金利は生産性が低い企業だけに有利に働くわけではない。資金調達コストの低下は、むしろ資金需要が大きい成長企業にこそ追い風になる。成長ポテンシャルの高い企業が低金利を活用して事業を拡張すれば、競争、M&A、労働市場の逼迫などを通じて、競争力の弱い企業に自然に淘汰《とうた》の圧力がかかる。そういう過程をたどるのが健全な新陳代謝の道であり、経済全体の熱量が高い環境での新陳代謝は、それに伴う痛みも吸収されやすい。

つまり低金利は、その本来のメリットが発揮されるなら、経済の新陳代謝を円滑にする方向に働くはずなのである。現実にそうなっていない以上、成長企業の拡張エネルギーを制約している要因は何なのか、そちらに問題意識を向けた方がいいように思う。

そもそも、低金利が今後もずっと続くという予想が強いため、低金利のメリットを今活用しようという動機が企業側に働いていないのかもしれない。だとすれば、「金融緩和を長く続ける」と強調する日銀のメッセージが空回りしている、ないしは逆効果になっている可能性も疑われる。低金利は、金利が高い時もあってこその低金利である。いずれにせよ、「低金利だから新陳代謝が進まない」のではなく、「低金利なのに新陳代謝が進まない」理由を問うべきである。

無駄な公共投資も雇用を生む

次に、拡張的な財政政策（財政赤字）が低成長を招く、という批判について考える。財政赤字が低成長をもたらす理由としてよく挙げられるのは、①資源配分を非効率にする、②財政の持続性に関する不安を高める、の二つである。

第一の資源配分を非効率にする点について、よくやり玉に挙がるのは、1990年代を中心に拡大した公共投資である。中には甘い需要見積もりなどにより、利用されない道路、空港、港湾となってしまったインフラもあった。のちにそれらは、「狸《たぬき》の道」「熊・鹿専用道路」「100億円の釣り堀」などと揶揄《やゆ》されることになった。進めるべきだった構造改革を進めず、その場限りの無駄な財政支出を積み重ねたことが、その後の潜在成長率の低下につながった、という批判は今でも根強くある。

この問題については、かなりの確からしさで言えることと、そこまでは言えないことがあるように思う。かなりの確からしさで言えるのは、同じ金額の財政支出を行うのなら、もっと良い使い道があっただろうということである。ちなみに近年は米欧でも、インフラ投資で成長を高めるべきという論調が強まっている。それへの警鐘として英紙のある記事は、車が通っていない日本の地方道路の写真を掲載し、公共投資の失敗例として紹介した。[注9] その記事は、公共事業に使われた資金のいくらかでも教育や家族支援に回されていれば、その後の日本経済を苦しめることになる少子化問題を、多少なりとも和らげられたのではないかと指摘している。同感である。

一方、そこまではっきり言えないのは、政府がその支出をしなかった方が良かったのかどうかである。「無駄使い」よりは「有意義な支出」の方が良かったに決まっているが、「無駄使い」と「使わない」ことの比較はどうなのだろう。バブル崩壊で建設関連の仕事が激減し、米国からは内需拡大を求められていた時期に、国債を発行して公共投資を行うことは、国内の余剰資金を活用した雇用・所得・需要の下支え政策としての意味はあった。もちろん、それがクラウディング・アウト（民間投資の阻害）を引き起こしていたなら問題であったが、90年代後半以降、そういう理由で民間投資がはっきり減少した局面は、筆者の知る限り一度もなかった。「あのとき公共投資も含めていっさい財政支出をしなかった方が、その後の日本経済は繁栄していた」とまでは言えないように思う。

低金利では起こらない「非ケインズ効果」

二番目の論点、すなわち財政赤字が財政の持続性への懸念を強めて経済成長を低下させる、という可能性はどうだろうか。その可能性は、理論的には「非ケインズ効果」として知られている。政府の債務残高が大きくなりすぎると、いずれ増税は不可避と考えて人々が防衛的になることや、政府債務の持続性への懸念で金利が上昇することなどから、経済成長がかえって低下するという仮説である。これが正しいとすると、政府債務残高の対GDP比率が先進国中で圧倒的に高く、それでもなお毎年赤字を続ける日本の財政政策は、そのこと自体が日本経済の足を引っ張っていることになる。

実証的には、1980年代のデンマークやアイルランドについて、財政再建が景気の好転をもたらしたというケーススタディがよく知られている（Giavazzi and Pagano（1990））。日本でも2000年代を中心に、主として財政再建を理論的にサポートする立場から、「非ケインズ効果」への関心が高まった時期がある。[注10] 日本で非ケインズ効果が明確に観察されたわけではないが、内閣府の『日本経済2009』（いわゆるミニ経済白書）にもまとめられた通り、財政を拡大してもそのプラス効果は限定的という意味で、「ケインズ効果が非ケインズ効果で一部打ち消されている」というのが当時の標準的な理解に近かったように思う。

その後2010年代に入ると、「非ケインズ効果」への関心は内外ともに薄れた。これは、グローバル金融危機に直面して伝統的な「ケインズ政策」に頼らざるをえな

注9　*Financial Times*, "Lessons from Japan: Hoped-for boom in public investment risks paving road to nowhere" November 25, 2020.

注10　例えば、亀田（2010）は当時の日本での問題意識や研究動向をよく伝えている。

くなったうえ、日本のみならず多くの先進国で金利がゼロ近くまで低下したためである。財政赤字の縮小が経済成長を高めるメカニズムとして、少なくとも前述の実証分析などで可能性が指摘されたのは、「財政の持続性への信認が高まり金利が低下する」ルートである。金利が下がりきってしまい「さらに下がる」ルートが閉ざされている経済では、非ケインズ効果の働く余地は乏しい。90年代後半以降の日本は、ほぼ一貫してその状態にあった。

近年の日本では、こうした金利面を通じる効果とは別に、政府債務残高の大きさ自体が消費者の将来不安を高めている、という議論もある。この仮説の正否については、いずれの方向にも決定的な証拠はないように思うが、消費税率が引き上げられるたびに、個人消費が駆け込み需要の反動以上に弱くなった、という事実はある。少なくとも「財政赤字を縮小した方が経済成長は高まる」という考え方が、近年観察された日本の消費者行動と整合的であるようには思えない。

（2－5）中小企業への政策支援には課題あり

財政金融政策が原因ではないとしても、「退出すべき企業が退出しない」という問題が成長率を低下させている可能性はある。例えば、不良債権問題が潜在成長率の低下を招いたのではないかという文脈で、金融機関の追い貸しによるゾンビ企業問題がかつて指摘された。また、現在も意識されている課題としては、中小企業に対する手厚い政策支援がある。本節では、これらについての筆者の見方を述べる。結論から言うと、前者は今は重要な問題ではないが、後者が経済成長の抑制要因として働いている可能性は無視できないように思う。

追い貸しによるゾンビ企業問題

第一の追い貸し問題は、典型的には日本経済がまだ「失われた10年」と言われていたころ、すなわち金融システムが脆弱だった局面で起きたとされる問題である。バブル崩壊やその後の低成長により債務の利払いすら困難となった企業に対し、当時の金融機関は追加的な融資によって、借り手企業の利払い継続を可能にした。そうして延命された企業は俗にゾンビ企業と呼ばれた。[注11]

当時のゾンビ企業は比較的規模の大きい企業が多く、経済への影響を考えれば簡単に破綻させるわけにはいかなかった。金融機関の側にも、自己資本が十分ではない中で、多額の損失確定は回避したいという事情があった。その意味でこれは、ゾンビ企業、金融機関の双方にとって「時間を稼ぐ」戦略であった。しかしそれは、不良債権がさらに膨らむリスクを伴う賭けでもあった。

最終的には、２０００年代の世界的な景気拡大が追い風となり、ゾンビ企業の多くは復活した。[注12]もちろん、復活までにかかった長い期間、非効率が温存されたということにはなるのかもしれない。しかし筆者の知る限り、当時のゾンビ企業問題と、その後の日本経済の潜在成長率の低下との関係は、必ずしも明らかにされていないように思う。

現在は、日銀が半年に一度、『金融システムレポート』で金融システムの状況を定点観測している。近年は、日本の金融システムの安定性は維持されているという評価が定着しており、金融機関側の事情で再び追い貸し問題が起きる可能性はそう大きくない。もちろん、コロナ禍を緊急借入れでしのいできた中小企業の債務問題は正念場を迎えつつあるが、これはむしろ次に述べる中小企業問題の一側面と捉えるべきであろう。

中小企業の過当競争問題

そこで、第二の論点である中小企業への政策支援である。この点については、一貫してこの問題に警鐘を鳴らしてきたデービッド・アトキンソン氏の指摘が参考になる（アトキンソン（2019、2020））。アトキンソン氏の様々な指摘のうち説得性が高いと筆者が思うのは、次の三点である。第一に、企業規模が小さいほど生産性が低くなるという傾向は、海外の学術研究でも明らかになっている。第二に、中小企業を政策面で優遇する度合いが高い国では、成長せずに中小企業のままでいようとする動機が企業側に働く。第三に、日本では中小企業の規模が他の先進国よりも小規模に定義され、

注11　関根ほか（2003）は、バブル崩壊後の不動産業に対する追い貸しの存在を確認した初期の実証研究である。さらにCaballero et al.（2008）は、金融機関によって生かされたゾンビ企業は、その企業自体のパフォーマンスが悪かっただけでなく、過当競争を通じて業界全体に悪影響を与えた可能性が高いとしている。

注12　中村・福田（2008）は、かつてゾンビ企業と呼ばれた企業の多くが復活した事実を確認したうえで、その背景には、景気回復という幸運のほか、リストラ等の経営改革、債務免除等の金融支援があったとしている。

かつ税制や金融支援などの優遇策が手厚いため、生産性の低い中小零細企業がひしめき合う状態が温存されやすいと考えられる。[注13]

規模の小さい企業への優遇策が、「成長しない」インセンティブを強め、M&A等で規模を大きくするメリットを弱めているとすれば、本来得られるはずの「規模の経済」や「範囲の経済」が、日本経済から一部失われていることになる。

小規模企業の乱立は過当競争を招き、それら企業自身を苦しめている可能性もある。中小企業が大企業から不利な取引条件を押し付けられがちである点は、大企業側の「悪事」として語られる場合が多い。心情的には理解できるし、公正な取引に反するものはもちろん是正されなければならない。しかし、過当競争にある側が不利な条件を呑まされるのは、市場経済では仕方がないことである。その場合、中小企業の支援に使われる税金は、少なくともその一部が、市場メカニズムを通じて取引相手に吸い上げられていることになる。

大企業の側も、中小企業から買い叩くことでコストダウンができるなら、より困難でリスクの大きい付加価値創造にはわざわざ挑まないかもしれない。中小企業が過当競争の状態にあることは、大企業に対しても「ぬるま湯」的な経営環境を提供している面があり、大企業のアニマルスピリットを間接的に弱めている可能性がある。

また、小売りや個人向けサービスなどの中小企業の場合でも、過当競争に置かれていれば価格の引き上げはやはり難しい。輸入原材料の価格が上昇した時に、消費者物価の上昇よりも中小企業の収益圧迫がすぐに問題になるのは、中小企業の過当競争構造と無関係ではないだろう。

小規模の企業に個々にデジタル化を促しても、導入コストに見合うメリットが得られにくいという問題もある。デジタル化にはある程度「規模の経済」が働くと考えられる場合が多いからである。国の補助金でデジタル化を進め多少のメリットを得られたとしても、根本にある過当競争が是正されない限り、そのメリットは販売価格の引き下げなどの形で、より強い立場の経済主体に最終的には帰属することになるだろう。

そして最大の問題は、中小企業の収益力・成長力が弱いと、そこで働く人々の賃金が上がりにくいことである。雇用者の約7割は中小企業で働いているのだから、中小企業の成長がなければ賃上げが経済全体には広がらない。儲かっている大企業に「賃

注13　日本の中小企業は資本金と従業員数で定義されているが、このうち従業員数では、小売業は50人未満、サービス業・卸売業は100人未満、製造業などは300人未満となっている。前掲アトキンソン氏の著書では、①この中小企業の定義は、米国はもとより、それより小さい欧州、中国よりもさらに小さいこと、②日本の企業の規模別分布を見ると、小売業の「50人の壁」、製造業の「300人の壁」など、優遇策が適用される上限規模のあたりに不自然に多くの企業が集まっていること（「bunching」と言われる現象）、が指摘されている。

上げを要請する」程度のことでは、マクロの賃金への影響は限定的である可能性が高い。

「ムチ型」では改革は進まない

こうした状況に対するアトキンソン氏の政策提言はストレートであり、成長への動機を弱めている現在の中小企業支援策を改めよ、というものである。また、最低賃金を大きく引き上げ、その面から中小企業の淘汰を促すことも提案している。

しかし、「中小企業に対する現行の支援策をやめる」というだけでは、実現可能性が低いうえ、マクロの成長戦略としての有効性も疑われる。実現可能性が低い理由は、他の「ムチ型」の構造改革と同じであり、要するに「既得権益の壁」である。しかもこの場合の既得権益者は、腐敗にまみれた巨悪とはほど遠く、地域の経済や雇用を支える中小企業群である。既得権益の破壊には、政治のリーダーシップとそれを支える世論が不可欠であるが、「中小企業いじめ」「格差拡大容認」とも受け止められかねない政策を、世論が支持するとは思えない。

しかも、中小企業への支援をいきなりやめるだけでは、マクロの経済成長への効果も定かではない。廃業、再編、合理化等により失職する人々が増加すれば、マクロ経済にはむしろ下方圧力がかかる。失職した人々は、いずれ他企業・他産業に吸収されていくとしても、再教育などの面で手厚い支援を受けられない限り、低賃金で不安定な働き方を余儀なくされる可能性が高い。

雇用セーフティネットの強化、経営者や従業員の転職・技能獲得支援など、広範かつ手厚い「アメ型」の政策を中心に据えない限り、改革を進めることは難しい。当事者に苦しい選択を迫るのではなく、みずから変化したくなるようなインセンティブづけが望ましい。そのためには財政資金も必要になるだろうが、「改革は痛みを伴うものだ」と突き放している限り、改革は進まない。「痛い」のは誰でもいやであり、「痛い」という声を吸い上げるのは政治の仕事である。

改革に財政資金を使わなければ使わないで、現状を守るための財政資金が使われ続けるという問題もある。何らかの負のショックが訪れるたびに、過当競争で弱い立場にある企業群に対して、今後も多額の金融支援や補助金が必要になるだろう。その恩恵は結局、力の強い取引相手に帰属することになるのだが。

(2-6) デジタルやグリーンは成長戦略なのか

政府は「デジタル」や「グリーン」を成長戦略の柱としており、経済論壇でもそう考えるのが常識になっている。もちろん、デジタル技術の潜在力は活かすべきなので、規制の改革や人材の育成には大いに力を入れるべきである。また、脱炭素化を強力に推し進めることは、地球温暖化に直面する人類の責務である。いずれも、それ自体として取り組むべき重要課題であるが、それで経済成長が高まるかどうかは必ずしも明らかではない。

便利さとGDPは別

デジタル化は、作業の効率化や新たなビジネスの創出を通じて、個々の企業や現場の生産性引き上げに役立つ可能性は高いと考えられる。したがって、デジタル化は株式投資のテーマとしては筋が良い。しかし、デジタル化がマクロの生産性、すなわち実質GDPを押し上げる力になるかどうかは微妙である。ミクロとマクロの区別が重要であることについては、デジタル化に限らない一般論として2－3で述べた。そこで述べたことと一部重なるが、デジタル化が潜在成長率を高めると単純には言えない理由をいくつか挙げる。

第一に、デジタル化で「便利になる」「仕事の能率が上がる」のは良いことだが、それで「賃金が上がる」「ＧＤＰが増える」かどうかはわからない。テレワークを考えてみよう。通勤の負担がなくなり、家事との同時並行もある程度可能になるなど、テレワークには様々なメリットがある。しかし、コロナ禍に伴いテレワークが急速に普及した時に、テレワークをしたがゆえに賃金が上がった、という人はどのくらいいたのだろうか。「賃金が上がり消費が増えてＧＤＰが増える」というところまで変化しなければ、マクロの生産性は上昇しない。

もちろん、ＧＤＰが増えなくても仕事が快適になれば、人々の厚生（満足度）は改善する。それだけでも十分に良いことであり、そのことを日常会話では「生産性が上がった」と言う。しかし、政府やエコノミストが議論する生産性は、あくまでＧＤＰで測られた生産性のことである。「テレワークでＧＤＰが増える」と言えない限り、成長戦略の文脈では、テレワークに生産性を上げる効果はないことになる。

第二に、デジタル化はある業界への需要を増やすが、別の業界への需要を減らす。再びテレワークを例に取ると、その普及がパソコン、ＩＴ、通信などへの需要を増やす一方で、通勤や出張の減少を通じて鉄道や航空などへの需要を減らす。プラス、マイナスの差し引きがどちらに出るかは、先験的にはわからない。

第三に、デジタル化による仕事の効率化は、余剰人員を増やし賃金の抑制要因となる可能性もある。少なくともコロナ前までは、情報技術が雇用や賃金に与える影響について、負のインパクトを巡る議論の方が盛んだった。オックスフォード大学の研究者が２０１３年に、「今後10～20年程度で米国の雇用者の47％の仕事が自動化されるリスクが高い」という論文を出し、世界に衝撃を与えた（Frey and Osborne（2013））。

一方、職種別という粗い括《くく》りではなく作業内容まで細かく分類すれば、自動化されるリスクが高い雇用者の割合は、ＯＥＣＤ諸国で９％程度にとどまるとの推計もある（Arntz and Zierahn（2016））。また、自動化が余剰人員を生み出すとしても、別途新たな仕事を生み出すことも確かである。しかし、新たに生まれる雇用が「良質な雇用」である保証はない。90～２０００年代におけるＩＴやロボットなどの普及も、中間層の経験的・職人的技能の市場価値を低め、一部の高度な仕事と単純労働への二極分化をもたらしたと言われている。

第四に、ビッグデータの活用等による新たな市場の創出は、デジタル化に期待される有力な成長促進メカニズムであるが、それは既存の産業やビジネスモデルを破壊する面も持つ。既に述べたように、２０１０年代の米国では、ＧＡＦＡの躍進と長期停滞の悲観論が併存した。

以上のように、デジタル化は経済にプラス、マイナス様々な影響を与える。また、そもそもこれまでの経済成長も、各種イノベーションの連続で実現されてきた。今言われているデジタル化だけが、これまでの技術革新とは違って、プラス、マイナスのバランスが著しく前者に傾斜する性格のものなのかどうかは、よくわからない。

グリーンの果実は将来世代へ

グリーンが成長戦略になるかどうかも、それほどはっきりとは言えない。脱炭素化の経済的な果実とは、地球温暖化が進んだ場合に比べて、自然災害等から生じる経済被害を小さくできる部分のことである。脱炭素化を行わなかった場合に比べて、多く享受できるGDPと言ってもよい。ところが、カーボンニュートラル（二酸化炭素排出量のネットゼロ）が2050年に実現できたとしても、それが地球温暖化を抑える効果は21世紀の後半にようやく表れる。グリーン政策がたとえ経済成長に寄与するとしても、それを享受できるのは何世代かあとの人々である。通常「成長戦略」が念頭に置いているのは、次の5年、10年の潜在成長率をどう高めるかという話であり、その話とはタイムホライズンが合っていない。

参考までに、IMFが先行研究に基づいて行った推計によれば、グリーン政策を遂行した場合の世界のGDPは、グリーン政策を行わなかった場合と比較して、2100年の時点で13%ほど大きくなるが、2050年時点ではほとんど変わらない（IMF（2020）の第3章）。より細かく2020年から2050年までを前半15年と後半15年に分けると、前半15年はグリーン政策を行わなかった場合に比べて若干のプラス、後半は若干のマイナスという試算になっている。しかしこの試算は、新エネルギー関連の投資をどの程度前倒しで行うかなどの前提に左右され、グリーン政策で今後10年程度の成長率が高まることを示す有力なエビデンスとまでは言えない。

高い熱量が化学反応を生む可能性

「デジタル」にせよ「グリーン」にせよ共通して言えるのは、それによって産業構造が変わっていくことは確実という点である。一般に、産業構造の変化は経済成長の好機にも重荷にもなりうる。好機になるか重荷になるかを決める要因は、「デジタル」「グリーン」そのものの中には乏しい。再教育やセーフティネットのあり方など、より広い経済政策に依存する面が大きい。

ただ、本節の最初にも述べたように、「デジタル」や「グリーン」はそれ自体として重要であり、とくに後者は必須のテーマである。どうせ取り組む課題なら、世界をリードするぐらいのポジションを積極果敢に取りにいくことには意義がある。財政資金の拡大も含めて国の本気度が明瞭になればなるほど、民間も中長期的な意思決定をしやすくなり、関連分野での投資や人材育成が誘発される確率は高まる。たとえ経済成長との関係が事前には明確でなくても、希望が持てるとすれば、課題対応に向けた政策面の全力投球が民間の化学反応を引き起こす可能性だろう。

（2–7）労働者の対抗力は高められるのか

「成長と分配の好循環」は正しい問題意識

様々な角度から見てきたように、どうすれば日本の潜在成長率を高められるのか、その実行可能性も含めた良いアイディアに到達するのは難しい。しかし、それは必ずしも日本の識者、政策当局、政治家の責任とは言えない。人口減少・高齢化の分だけ日本は厳しい状況にあるが、それを除けば先進国は一様に低成長である。21世紀の先進国が成長するのは、本当に難しいことなのである。それを大前提としたうえで、それでも日本がより高い成長を目指すなら、何にどう挑めば可能性が拓《ひら》けてくるのだろうか。それに答えること自体も簡単ではないが、ここまで述べてきたことの含意として言えることを、本節でまとめてみたい。

まず、人口動態が変わらないとすれば、経済成長はマクロの生産性上昇率で決まる。マクロの生産性は、純粋に技術革新で決まるわけではなく、総需要の影響を受ける。バブル期の潜在成長率は高かったが、そのころに画期的な技術革新が相次いだわけではない。高級ワイン、高級車、ブランド品が売れれば、酒屋や自動車販売店や百貨店の生産性は上がる。当時は繁華街のバーも深夜タクシーも生産性が高かったのである。企業が多額の交際費を使ったことは、飲食業等の生産性押し上げに寄与した。逆説的に聞こえるかもしれないが、生産性は無駄遣いによって上がるという面がある。逆に、アベノミクス景気の時のように消費者が節約し続ける限り、技術の進歩があってもマクロの生産性は上がりにくい。

その個人消費を強くするには、持続的な賃金の上昇ないしその展望が不可欠である。アベノミクスの途中から掲げられ、岸田政権が強調している「成長と分配の好循環」には、「まず成長しなければ分配の原資が生まれない」という批判が多い。それはそうなのだが、アベノミクス景気のもとで少なくとも部分的には、「分配の原資はあったが賃金に回らなかった」という現象が観察されたことも事実である。

グローバル環境で強化された資本の力

分配の原資のうち賃金に回らなかった分は、①株主への還元、②海外を中心とする成長投資、③従業員のためのセーフティネット、に回ったと考えられる（1－5参照）。③のセーフティネットの存在は、それゆえに労働者側も賃上げを強く要求しない、という作用をもたらしている可能性が高い。もちろん、そのセーフティネットを単純になくすだけでは、たとえ賃金は上昇しても今度は将来不安が増す。選択肢になりうるのは、企業を従来のセーフティネットの役割から解放する代わりに、公的なセーフティネットを強化することである。メンバーシップ型雇用からジョブ型雇用への変化を、セーフティネットの張り替えとセットで目指すのかどうかは、ひとつの重要な論点になりうる。

一方、①の「株主還元か賃上げか」いう論点は、まさに分配問題そのものである。②の海外投資も、株主リターンを高める戦略として選択されているという意味では、そこにも「資本対労働」の分配問題が色濃く反映されている。

この点、株主も最終的には家計である、という整理も不可能ではない。一般個人が米国のようにもっと株式投資に熱心になれば、株価上昇の恩恵が広く消費者に及ぶという議論もある。しかし、生活の糧《かて》の大部分を株式リターンで稼げる人は、最初から多額の資産がある人に限られる。圧倒的に多くの消費者は、小遣い程度の株式リターンを得ることはできても、生きていくには自分の労働を売るしかない。ちなみに、日本企業の株主には外国人投資家が多く、国内で最大級の株主は日銀である。

「資本対労働」の対立軸において、少なくとも先進国においては、グローバル環境が資本サイドに有利に働いてきたし、これからもそれは大筋変わらないと予想される。

コロナ禍やウクライナ危機の経験から、経済安全保障やサプライチェーン強靭化《きょうじんか》の視点が、企業経営において重要度を増すことは確かである。それでも、資本が国境を越えられる自由度が、労働のそれに比べて高いという関係性は変わらない。

資本は企業経営に対してグローバルな基準で高いリターンを要求し、人件費を含めた各種のコストはその圧力を受けながら管理される。海外の安い労働力を多く受け入れている国では、自国労働者はその面でも競争を迫られる。日本は移民の受け入れには消極的だが、様々な形で低賃金の外国人が働いている。コロナ禍で今はその関係がやや見えにくくなっているが、底流においてグローバル環境は引き続き、先進国の労働者の立場を弱める力として働いているとみるべきだろう。

それを跳ね返して賃金の持続的な上昇を実現するには、労働者の立場を人為的・制度的に補強する視点が不可欠のように思われる。

労働者の立場を強めるには

では、労働者の立場を人為的・制度的に補強するには、どのようなことが考えられるだろうか。筆者は労働問題や社会保障の専門家ではないので、具体的な政策提言として良い案があるわけではないが、解に近づく可能性が高い大局的な方向性として、次の三つを挙げておきたい。第一に人材投資への公的支援、第二に失業給付の拡充、第三に介護・保育職等の処遇改善、である。順番に補足する。

第一に、人材投資に対する公的支援の増強である。企業は公的支援がなくても、みずからの経営判断で社内研修などの人材投資を行っている。しかし、経済全体で見た場合には、転職市場における労働者の価値を高めるメカニズムも重要である。

何十年も前の高度成長期とは異なり、今はひとつの企業の中で長く経験を積んでいけば、そのこと自体が評価されて賃金が上がるという時代ではない。企業のビジネスモデルも変化し続けるので、働き手の強みがキャリアの途中でその企業に合わなくなるケースも多い。スキルを補強したうえで転職すれば、元の企業にとどまるよりも賃金が上がるケースは、潜在的には少なくないと考えられる。ただ、そのための人材投資を元の企業が行うインセンティブは乏しい。学び直しには相応の時間も費用もかかるため、自助努力にも限界がある。この隙間を埋めることができるのは公的支援しかない。

労働移動と賃金上昇の両立を図っている例としては、北欧とくにスウェーデンの積極的労働市場政策（active labor market policies）がしばしば挙げられる。[注14] この政策は、衰退産業から成長産業への構造変化を促すのに際し、衰退産業から生じる失業者に、国が関与して手厚い職業訓練や職業紹介を行うものである。１９５０年代から制度の整備が始まり、様々な試行錯誤を経ながらバージョンアップされてきている。２０００年代に入ってからも、職業大学制度が創設されるなどの新しい動きがある。国の予算を使い、地方自治体の運営のもとで、企業のニーズを踏まえた教育プログラムが柔軟に実施されているようである。

このように転職、再就職に対する支援体制が充実していると、労働組合も解雇を受け入れやすくなり、不採算事業の整理や産業の新陳代謝が進みやすい。「改革」と「分配」は必ずしも相反するものではなく、円滑な労働移動に対する支援の強化が、二つを両立させる鍵になる。注15

第二に、失業給付を対象者、給付額、給付期間など多面的に拡充することである。人々が低賃金でも働かざるをえない立場に置かれている限り、低賃金労働を活用してコストを下げるビジネスモデルが、企業の正しい経営戦略になってしまう。逆に言えば、「いやなら働かなくても暮らせる」「低賃金の仕事ならいつでもやめられる」という立場に労働者があれば、資本に対する労働者の対抗力は高まる。

注14　「積極的」というのは政府が積極的に介入するという意味である。以下の記述は山田（２０２０）の第3章、第5章を参考にした。

注15　加藤（２０２０）は、スウェーデンの銀行経営者が、支店網を迅速に削減しデジタル化を躊躇なく進めることができた一因は、リカレント教育を含む手厚いセーフティネットの存在にあったとしている。

ちなみに、米国ではコロナ禍の際、時限的な対応策として失業給付が大幅に引き上げられた。失業後の所得が就業時よりも増えた、という例すら少なくなかったと言われる。その結果、失業者は待遇の悪い職場には戻ろうとせず、それが賃金上昇の一因になったとされる。これは時限措置であったが、恒久的な制度として失業給付を厚くすれば、その賃上げ効果は持続的なものになる。

もちろん、こうしたアプローチに対しては、働かざる者のモラルハザードを招くという問題がある。これはバランスの問題であり、最後は社会の選択である。ただ、数十年前、グローバル化が今のように進んでいなかった時代には、労働争議すなわち「働かない」ことを武器に、労働者は賃金交渉力を保つことができた。資本の力が強まり労働組合の力が弱まった現代において、それに代わる労働者の対抗力をどう担保すべきなのかは、考えてみる価値のある論点だと思う。

第三に、介護、保育、教育など、社会的ニーズが大きいのに人手不足が深刻なままの職種の処遇改善である。介護士や保育士の賃金は近年徐々に引き上げられているが、仕事の社会的価値や厳しい労働環境を考えれば、少なくとも全産業の平均程度は確保されることが望ましい。

高齢化の進行に伴い、介護職員の不足は今後ますます深刻化する見通しにある。[注16] 保育についても、少子化に歯止めをかけることへの社会的合意があるなら、より充実したサービスが提供される環境づくりが望まれる。社会的なニーズに着目すればこれらは潜在的な成長産業であるが、それが実際に成長するかどうかは職員の処遇改善にかかっている面が大きい。

これら職種の賃金引き上げは、まずそこで働く人々の消費行動を支える。また、それらサービスの充実によって、在宅の介護や育児から解放される人々が増えれば、就業者が増えてその面からも家計所得は増える。やりがいがあり給与面でも満足度の高い産業が発展すれば、他産業に賃金上昇圧力が及ぶことも期待される。

成長、中小企業、そして財政

一方で、労働者の対抗力を人為的・制度的に補強することは、企業の側から見れば労働コストの上昇になる。それは、企業の海外シフトをますます促すことになりかねない。そもそも資本側・企業側にそうした自由度があることが、労働者の対抗力を強められない根本原因である。

注16　厚生労働省の「第8期介護保険事業計画に基づく介護職員の必要数について」（2021年7月）によれば、介護職員は2019年度の約211万人から、2025年度までにあと約32万人、2040年度までにあと約69万人増やす必要がある。

したがって、日本を高コストでも儲かる国、「人件費をかけてでも国内拠点を拡充せよ」と株主から圧力がかかるぐらいの国にしないと、実はこの話は閉じない。そのためには、高い労働コストに見合うよう、規制・慣行、人材の質、市場展望などの面で、日本のビジネス環境を魅力的なものにしなければならない。そういう当たり前の結論に、最後はどうしてもなる。

とくに市場展望の部分が、人口の減少・高齢化が進む国の厳しい部分である。日本にしかない市場、日本でしかできない企業活動を、どれだけ拡大できるかという発想が要る。先端技術の研究開発、教育、介護・保育、脱炭素化、インフラ、災害対応など、民間だけでは無理だが潜在的には市場が拡大しうる領域に、国が積極的に関与する覚悟がないと、これはなかなか難しいかもしれない。

もうひとつの難題は中小企業である。中小企業は、過当競争の環境に置かれている場合や、特定の取引先への依存度が高い場合が多い。直接・間接に及ぶ資本の力に対して弱い立場にあり、それを低賃金でカバーしてきたという構図がある。すると、その状態で労働者の立場が強化された場合、中小企業は、資本の圧力と労働コストの挟み撃ちに置かれてしまう。

今でも最低賃金の引き上げや外国人労働者の規制に反対するのは、中小企業である。「労働コストの上昇は困る」という企業が大半を占める国のままなら、日本の賃金が全体として上がることはないだろう。十分なセーフティネットを構築したうえで、中小企業の競争力・成長力を強化することが、マクロの賃金上昇には避けて通れない道であるように思われる（1－5参照）。

このように、「賃金を上げるにはどうすればよいか」というシンプルな問いの背後には、様々な難しい問題が連関しながら横たわっている。「生産性を上げればよい」「人材投資をすればよい」と一言で言えるような簡単な答えはない。

そうした複雑な連立方程式の中に、もうひとつ「財政」という難しい変数がある。セーフティネットの強化にせよ、国内市場の拡大支援にせよ、本節で述べた方策は公的な資金を必要とする。これを「財政健全化」と両立させることは、これまでの常識の枠内で考える限り難しい。「財政の持続性を確保する」とは本当はどういうことだと考えるべきなのか、財政が持つ潜在的な力を活かすにはどのような条件が必要なのか、それらについては第5章で考えてみる。

第3章

2%物価目標と異次元緩和

(3-1)「日銀は変わった」というメッセージ

やりやすいところから試す

第1章と第2章では、近年の観察事実をもとに、日本経済を巡る論点をマクロ的な視点から整理した。そこから見えてきたのは、高齢化が進む21世紀の先進国にとって、経済成長を高める簡単な方法はない、という現実である。しかし、簡単に解は見つからなくても、何らかの構造改革を進める以外に日本経済の成長を高める道はない。

10年前は、そういう認識すら今ほどは共有されていなかったように思う。むしろ、デフレが日本経済の最大の問題であり、金融緩和でそれを克服すれば日本経済も大きく変わる、という議論に人気があった。比較的簡単にできて大きな効果も期待できる政策があるのであれば、難しい構造改革の前にまずそれを試してみよう、と考えるのは合理的である。

その意味で、アベノミクスが大胆な金融緩和から始まったことには必然性があった。もしインフレが貨幣的現象なら、大胆な金融緩和を行えば、2%ぐらいのインフレなら簡単に達成できるはずだ。それで日本経済に大きな希望が生まれるなら、絶対に試してみるべき政策である。本当はそういう単純な話ではないのだが、当時の識者、メディア、財界には、試してみてはどうかという空気が優勢であったように思う。

実際に試してみたら、やはりそれは違っていた。今は多くの人々が、2％物価目標は簡単には達成できないと認識している。アベノミクス景気は戦後最も成長率の低い景気であったし、賃金も上がらなかった。では、異次元緩和は無駄な努力だったのだろうか。異次元緩和は今どういう状態にあり、これからどこへ行くのか。第3章では、アベノミクスの「第一の矢」であった異次元緩和について考えてみたい。

異次元緩和の始まり

日銀は2013年1月に2％物価目標を導入し、4月に異次元緩和に着手した。その柱は、①マネタリーベースの大幅な増加（年間60兆～70兆円）、②長期国債の大量買い入れ（償還分を差し引いたネットで年間50兆円）、③買い入れる長期国債の残存年限の長期化（それまでの3年弱から7年程度へ）、④ETF（上場投資信託）などリスク性資産の買い入れ拡大、であった。

マネタリーベースというのは、金融機関が日銀に預ける「日銀当座預金」と、紙幣と硬貨からなる「流通現金」とを足したものである。このうち金融政策でほぼ自由に

図3-1　日銀のバランスシート

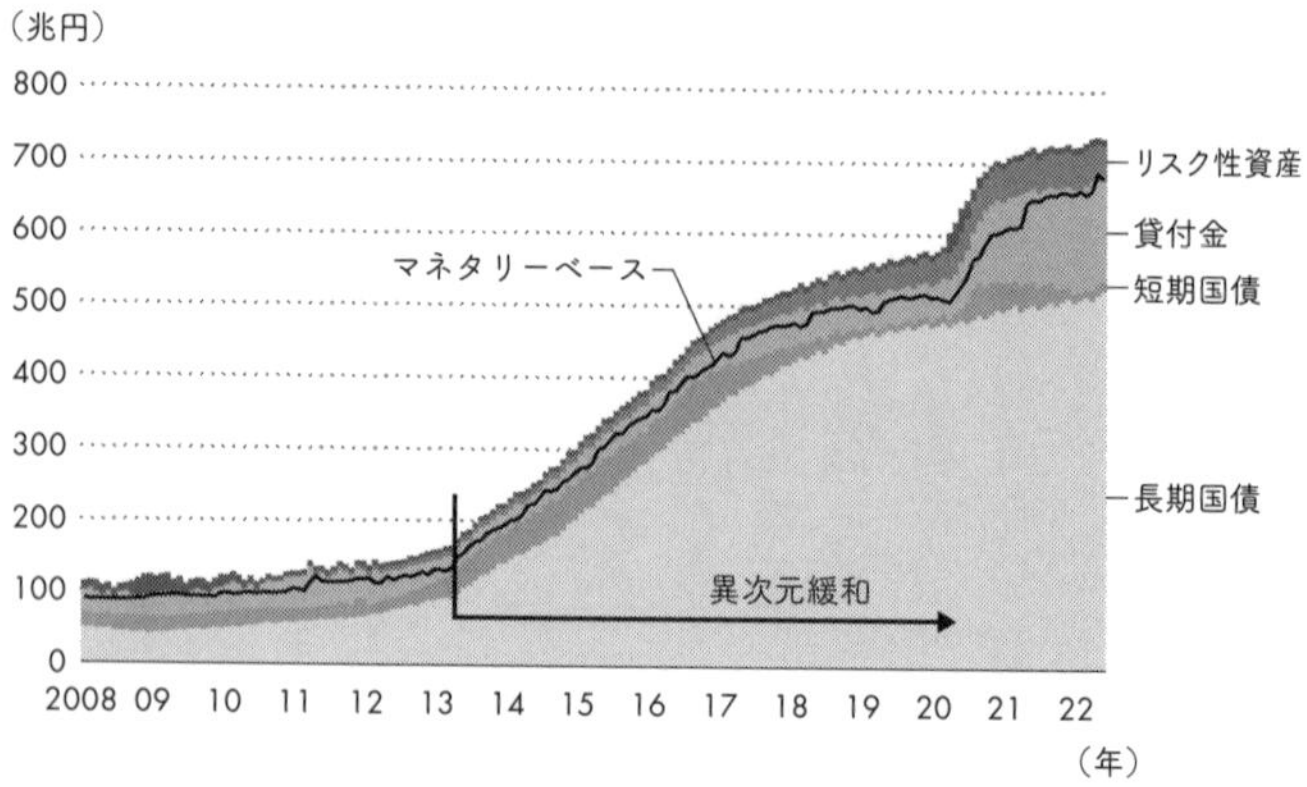

（出所）日銀より筆者作成

増やせるのは、日銀当座預金の方である。日銀当座預金は日銀の負債なので、それを増やすには日銀は見合いの資産を増やす必要がある。その主な手段が国債の大量買い入れであった。

　したがって、先ほどの①と②は密接に関連している。日銀はみずからのバランスシートを、両建てで「量的」に膨らませることにしたのである。日銀の資産とマネタリーベース（負債の大部分）を図3－1に掲げておく。日銀はリーマンショック以降、異次元緩和の前においても、金融緩和を強化しバランスシートを拡大させていた。しかし、こうして異次元緩和後も入れた図で見ると、異次元緩和よりも前のバランスシートの変化は、横ばいに見えるぐらいに小さい。異次元緩和は日銀のバランスシートを劇的に変えたのである。

買い入れ資産の中身をより緩和的にするというのが、異次元緩和の「質的」な側面であり、先ほどの③と④がそれに相当する。③は、国債のうちでも残存期限がより長期の国債を、日銀が積極的に買い入れるということである。これは、タームプレミアム（満期が長い金融資産に付く金利の上乗せ分）の縮小を通じて、長期金利の低下を狙ったものである。④のＥＴＦ等の買い入れ拡大は、リスクプレミアム（市場がリスクの見返りに要求するリターン）の縮小を通じて、株価押し上げなどを狙ったものである。

重視されたメッセージ性

このように、異次元緩和には「量的」な側面と「質的」な側面があるため、正式には「量的・質的金融緩和」と命名された。それまでにも「量的緩和（ＱＥ：Quantitative Easing）」ならあった。日銀自身が２００１〜２００６年まで行っていたし、リーマンショック以降は、米国の連邦準備制度理事会（ＦＲＢ）や英国中央銀行（ＢＯＥ）など、海外の中央銀行も行うようになった。「量的・質的金融緩和」はＱＱＥ（Quantitative and Qualitative Monetary Easing）と英訳されたので、ＱＥなら見慣れていた海外投資家にも新鮮な印象を与えた。

この名称もそうであるが、日銀が異次元緩和で重視したのは、「日銀は変わった」という強いメッセージであった。そもそも異次元緩和と呼ばれるようになったのも、それを決めた2013年4月4日の記者会見で、黒田総裁が「これまでとは全く次元の違う金融緩和を行う」と説明したことによる。黒田総裁が説明に用いたフリップボードには、「2%」「2年」「2倍」「2倍以上」という赤で強調された文字が並べられた。「2%」の物価目標を、「2年」程度の期間を念頭に置いてできるだけ早期に実現する、そのために量の面ではマネタリーベースを2年間で「2倍」にし、質の面では買い入れる長期国債の平均残存期間を「2倍以上」にするという意味であった。

なお、2%物価目標を「2年」で実現すべきということは、その2か月半前に合意された政府と日銀の共同声明には書かれていない。共同声明では2%物価目標について、「これをできるだけ早期に実現することを目指す」と書かれているだけである。共同声明にその時の総裁として署名した白川方明氏は、退任から5年半後に出版した著書の中で、共同声明の作成過程で政府と日銀の交渉が最も紛糾したのは、この「2年」という達成期限であったと述べている（白川（2018）の第17章）。共同声明の作成にあたり日銀は、「2年という期限を設定して2%目標を達成するという金融政策を行うことだけは絶対に受け入れられないという立場で臨んだ」（同書）のであって、共同声明はその日銀の主張どおりに仕上がっている。それが異次元緩和では、日銀みずから「2年」を積極的にアピールするようになったのだから、その変身ぶりは強く印象付けられた。

「2年間でマネタリーベースを2倍にする」ことで、インフレが2%になる確かな根拠はなかった。それでも「2倍」というのは十分な規模感であり、「インフレは貨幣的な現象」と信じる人々に向けて一定の説得性を持ったはずである。実際のところ、切りのいい数字で「2」「2」「2」「2」の語呂合わせをした、という以上の意味があったとは思いにくいが、そうした「演出」こそが異次元緩和の本質であった。

信じれば飛べるピーターパン

そもそもマネタリーベースの増加というのは、標準的な経済理論に出てくる金融緩和策ではない。むしろ理論との相性が良かったのは、2%物価目標への強いコミットメント（約束）である。問題は、「目標に強くコミットすれば、人々の期待インフレ率が上がり、実際に2%インフレが達成しやすくなる」という理論自体が正しいのかどうかである。少なくとも、「強く語れば人々の期待が変わる」という理論が、当時の日本に適用可能であったのかどうかは大いに疑わしい。

この点に関連して、市場関係者の間で話題になった黒田総裁の講演がある。日銀の金融研究所は毎年、内外の経済学者や中央銀行幹部らを招き国際カンファレンスを開催している。そこでは金融政策や経済金融面の課題を巡り、学術的な議論が展開される。その2015年の会議の開会挨拶《あいさつ》で、黒田総裁はピーターパンの物語から、「飛べるかどうかを疑った瞬間に永遠に飛べなくなってしまう」という言葉を引用した（黒田（2015））。

今でも誤解されているが、これは黒田総裁が、異次元緩和についての日銀の決意を述べたものではない。会議の出席者に対して、「中央銀行が直面する諸課題は困難だが、答えが見つかると信じて前向きに議論しよう」という趣旨で呼びかけたものである。講演の締めくくりに古典などから気の利いた言葉を引用するのは、海外では普通に行われていることでもある。

それでも市場関係者が、ピーターパンに異次元緩和を重ね合わせて受け止めたのは、この比喩が図らずも異次元緩和の本質を突いていたからであろう。この会議が開かれた2015年央といえば、異次元緩和の開始からちょうど2年が経過し、2年では2％物価目標が達成できなかった事実が確定した時期であった。「信じることが大事だ」と言い聞かせるピーターパンは日銀そのものではないか、と市場関係者が解釈したのも無理はなかった。あれからさらに7年が経過した今、「信じれば飛べる」という話は日銀からも聞かれなくなった。

（3－2）

本当は異次元ではなかった異次元緩和

それにしても、「信じれば飛べる」ことに頼るような政策を、日銀はなぜ進めたのであろうか。その答えは、①他に方法がなかった、②ひょっとするとうまくいく可能性があった、③失敗するにせよ全力を出し切る必要があった、の三点であろう。

他に方法がなかった

第一の「他に方法がなかった」という点は、金融政策の基本に立ち返れば理解できる。金融政策は、金利を上げ下げすることで総需要に影響を与えるのが基本である。金利を上げるのが金融引き締め、金利を下げるのが金融緩和である。

しかし、日本の場合、短期金利は1995年には既に0・5％まで低下しており、以来今日に至るまでその水準を上回ったことはない。異次元緩和を始めた2013年4月、短期金利は既に0〜0・1％まで引き下げられており、それをさらに引き下げる余地は事実上なかった。たとえそれをごく僅《わず》かに引き下げたところで、それでは到底「異次元」とは説明できず、「日銀は変わった」というメッセージ性を持たせることはできなかった。

長期金利（10年物国債金利）については、異次元緩和を始める時点で0・5％程度であった。こちらも歴史的な低水準ではあったが、短期金利に比べれば引き下げの余地は多少あった。実際、異次元緩和の柱に据えられた日銀の国債買い入れ拡大は、主として長期金利の押し下げを狙ったものである。しかし、それでもゼロまで0・5％しかなかったのだから、その程度の金利低下で「異次元」と言うには物足りない。

長短いずれも金利の低下余地が乏しかった中で、日銀がメッセージ性の強い緩和をしようとすれば、①「量」を増やす、②「期待」に働きかける、という選択肢しかなかった。

「量」の効果は理論的にもない

このうち「量」の方は、広く共有されている経済理論ではそもそも「量」がモデル化されておらず、もともと効果の疑わしいものであった。ただし、リーマンショック時やコロナ禍の初期のように、市場が極度に不安定になった場合には、中央銀行による大量の資金供給が市場を安定させる効果はある。したがって、市場の混乱が経済や物価に悪影響を与えるおそれがある場合には、量的緩和には意味がある。また、「量」

を出すことで金利が低下するならば、金利が低下する部分をその効果と捉えることもできる。

逆に言えば、金融市場が正常に機能していて、金利も既にゼロに近いという状況では、量的緩和が経済や物価へ効果を及ぼす確かな経路はない。2013年4月の日本はそのような状況であったので、「量」そのものが効果を持つという説明は、印象論としてはともかく、理論的には説得的でなかった。

「期待」の効果は理論の世界だけのもの

そこで日銀が実際に重視したのは、残された経路の「『期待』に働きかける」であった。それは理論が推奨する戦略でもあった。理論で「期待」が重視されるのは、次の理由による。まず、金融政策で重要なのは「実質金利」であるとされる。すると、

実質金利＝名目金利－期待インフレ率

なので、たとえ名目金利の低下余地が乏しい場合でも、期待インフレ率を上げることさえできれば、実質金利を下げることができる。理論的には、実質金利を引き下げることこそ本当の金融緩和であるし、期待の変化はそれ自体が実際のインフレ率に影響

を与える経路もあると考えられている。物価目標政策は、期待の働きを重視する理論の発展もあって、90年代以降、多くの中央銀行に広まった考え方である。

ところが、この理論には問題がある。もともと、期待を重視する理論は、高インフレの1970〜80年代に、「高すぎるインフレ率を下げたい」という課題への処方箋として発展した。中央銀行が「インフレ率を下げるためならいくらでも利上げをする」という意思を示せば、「それなら確かにインフレ率は下がりそうだ」と人々は考える。そうして人々の期待インフレ率が下がれば、結果的にそれほど利上げが行われなくても、実際のインフレ率は下がりやすくなる。中央銀行が大幅な利上げの「意思」さえ強く示せば、実際にはわずかな利上げでインフレを下げられる――つまり景気後退を招かずにインフレ退治に成功する――というのが物価目標政策の「売り」であった。

ところが、同じロジックを、「低すぎるインフレ率を上げたい」時に使うことはできない。名目金利が既にゼロに近い時に、「インフレ率を上げるためならいくらでも利下げをする」と約束することは、物理的に不可能だからである。「利下げ」という手段の裏付けがないまま、「インフレ率を上げる」という意思だけを中央銀行が示しても、「それならインフレ率は上がりそうだ」と人々が納得する理由がない。

いま一度整理しよう。もともと日銀が直面していたのは、「名目金利の引き下げ余地が乏しい」という問題であった。それに対して理論が示す解決案は、「ならば期待インフレ率を上げればよい」であった。ところがこの解決案には、「そもそも名目金利の引き下げ余地が乏しいのに、どうやってインフレ率を上げられると人々に信じてもらうのか」という根本的な矛盾がある。

理論と言えば聞こえはよいが、「期待インフレ率を上げればよい」という解決案は、先ほどの実質金利の式を都合よく解釈したものにすぎず、現実への洞察を欠いている。「都合よく」と言ったのは、「期待インフレ率」を「名目金利」と無関係に動かせる、という都合のよい前提が置かれているからである。名目金利は下げられなくても「中央銀行の思いや言葉で期待インフレ率を上げられる」という考え方は、「翼がなくても思いがあれば飛べる」というピーターパンに、確かによく似ている。市場関係者の洞察は鋭い。

ひょっとするとうまくいく可能性があった

それでも、「ひょっとするとうまくいく可能性があった」ことが、異次元緩和の合理性を説明しうる第二の理由である。科学が完全に支配する世界なら、「翼がないのに飛べる」ことなど万に一つもありえない。しかし、金融市場はしばしば科学的ではない動きをする。金融市場は生身の人間の相互作用で動くので、客観的には説明できない現象も集団心理で起こってしまう。

そのことの古典的な説明としては「ケインズの美人投票」が有名である。「100人の写真から最も美人だと思う女性に投票し、最多得票の女性に投票した人が全員商品をもらえる」というゲームである。この場合、投票者は自分が美人だと思う女性ではなく、他の人たちが美人だと思いそうな女性に投票するのが合理的である。金融市場でも、「他の人たちが買いそうだから自分も買う」という投資家たちの行動によって、ファンダメンタルズでは説明できない値動きなどのバブル現象がよく起きる。

同じように、日銀が語るストーリーに賭けてみようという市場参加者がある程度存在すれば、ならばそのストーリーに乗った方が儲かりそうだと考える人が増え、結果的にそのストーリーを後押しする方向に市場が動くことはありうる。異次元緩和がそのような集団心理を引き起こし、円安や株高の流れを増幅した可能性はある。[注1]

異次元緩和は、虚心坦懐に金利の低下幅で見れば、「異次元」どころか「金融緩和」として意味があるものだったかどうかすら疑わしい。バブル崩壊直後の90年代前半、短期金利が8%から0・5%まで急降下した局面の方が、よほど異次元と言える金融環境の変化であった。それでも日銀が異次元緩和を「異次元」とアピールしたのは、乗りやすいストーリーを市場に提供する観点からは合理的であった。演出は派手な方がよかったのである。

ポーカーは、はったりで勝てることがある。むしろ中身がない時ほど、はったりはやってみる価値のある戦略である。実際、異次元緩和は、外部環境の好転という幸運にも恵まれて、市場を動かすところまでは一定の成果を上げた。それをきっかけに企業や家計のマインドまで大きく変わっていれば、ひょっとするとその効果が経済や物価にまで届いていた可能性がある。

もちろん、「ひょっとすることに賭ける」ことの合理性は、あくまで賭ける段階までの合理性であり、賭けに負けたことがわかっている現時点で、賭けたこと自体を高く評価しても仕方がない。

それに対し、異次元緩和の三つ目の合理性、すなわち「失敗するにせよ全力を出し切る必要があった」という点は、2%物価目標を2年で達成できなかった今でも、異次元緩和の功績として残っている。「全力を出し切った」からこそ得られた功績とは何なのか、それを次節で述べる。

注1　早川（2018）の第1章では、日銀のQQEは理論的には効果が小さくても、市場に美人投票的な性格がある以上、大幅な円安を起こせる可能性があったという点について解説している。そのうえで同書ではQQEについて、実験的な性格の政策に賭けてみることに一定の合理性があったと評している。

（3－3）

その「歴史的な功績」は何だったのか

中途半端ではだめだった

１－１で述べた通り、２０１２年に自民党が大胆な金融緩和を選挙公約にしていなければ、異次元緩和はなかった。政治によって金融政策の転換がもたらされたことの是非については、様々な評価があろう。ただ、２０１２年までの内外の経済論壇においては、円高やデフレを止めることが日本経済の再生に必要であり、それには「物価の安定」を責務とする日銀の役割が大きい、という声が広く存在していた。政治はそれを吸い上げたにすぎない。

そういう背景を踏まえれば、異次元緩和は経済論壇に対して、日銀がその責務を果たしていると説得的に言えるだけのものでなければならなかった。客観的に考えれば、あとで述べるように、どんな金融緩和を行ったところで２％物価目標の達成は容易ではない。ただ、そうであればなおのこと、「日銀はできることをすべてやった」と認識されることが、それ自体として重要だったと言える。「異次元緩和も所詮は中途半端だった」と受け止められた場合、2％物価目標が達成できなかった時に、「それは日銀が本気でなかったからだ」という解釈の余地を残し、今現在もこの話は終わっていなかった可能性がある。

異次元緩和を決めた際、黒田総裁は記者会見で、「戦力の逐次投入をせずに、現時点で必要な政策をすべて講じた」と述べた。これは異次元緩和のきわめて重要な側面であったと思う。それまでの日銀も、様々な工夫を重ねて断続的に金融緩和を強化していた。しかし、それが「小出しで効果がない」というイメージを与えた面もあった。「2％物価目標への強いコミットメント」「大胆な量の拡大」「期待への働きかけ」など、実体はともかく見た目には「全部盛りパッケージ」であったからこそ、異次元緩和は「それでダメなら仕方がない」と人々に思わせるだけの力を持ち、したがって「実験」として意味のあるものになった。

2％物価目標は、黒田総裁の2期目（1期は5年）が終了する2023年春までの間におそらく達成できないだろう。2022年に起きているインフレは、後述のとおり持続性に乏しい。2年で達成すると約束したのに、10年経っても達成できないなら、普通はそのプロジェクトは「大失敗」だったと酷評される。しかし、異次元緩和に対する評価はそうなっていない。目標が未達なのだから「大成功」という人はさすがにいないが、異次元緩和を行う前に比べれば、日銀に対する批判は今でも格段に少ない。

一定の効果があったという評価

異次元緩和がそれなりに評価されている理由は、①円安・株高もあって経済が改善したこと、②誰もが納得できるレベルまで金融緩和をやり切ったこと、の二つであろう。順番に述べる。

第一の点、異次元緩和が一定の効果を持ったという点についてである。２０１２年に70円台まで円高になっていたドル円相場は、異次元緩和への期待が高まったころから円安方向に弾みがつき、２０１５年夏には１２５円に迫った。ほぼ同じ期間に、日経平均株価は8千円台から2万円台まで大幅に上昇した。そのうちどこまでが異次元緩和の効果だったのか、本当のところはよくわからない。それでも、異次元緩和がなければそこまでの円安・株高は起きなかった、という認識が広く共有されているように思う。

実体経済も改善した。日銀推計の潜在成長率が「0%台半ば」とされていた時に、２０１３年度の経済成長率は2・7%だった。これには、２０１４年4月の消費税率引き上げを控えた駆け込み需要の影響もあったが、株高の資産効果などが相応に寄与した可能性はあるだろう。円安により、輸出採算や海外事業からの投資収益（円換算後）は大きく改善した。景気回復に伴い雇用も大幅に増えた。有効求人倍率は２０１４年にいざなみ景気のピークを超え、２０１７年にはバブル期のピークも超えた。

異次元緩和の開始からほどなく、物価もプラス圏に定着した。政府の月例経済報告においても、2013年12月には「デフレ」の文字が消えた。2%物価目標は未達ながら、異次元緩和の開始から比較的早い段階で、政府も日銀も「もはやデフレの状況にない」という認識を表明できる局面にはなった。

円安・株高になり、景気は改善し、デフレの状況でもなくなったのだから、当然、異次元緩和には一定の効果があったという評価になる。もちろん、およそ経済政策の効果というものは、厳密に証明できるものではない。波及経路が複雑な金融政策についてはなおのことそうである。それでも多くの場合、金融緩和を行ったという事実があり、経済・物価情勢が好転したという事実があれば、たとえ両者の間に真の因果関係がなくても「一定の効果があった」ことになる。注2

注2　日本銀行（2016、2021）はそれぞれ、それまでの量的・質的金融緩和の効果を包括的に分析し、経済・物価への効果が相応にあったとしている。分析手法は、大型マクロ経済モデルを用いた「カウンターファクチュアル・シミュレーション」と呼ばれるものである。具体的には、量的・質的金融緩和を導入しなかった場合の仮想の経済・物価の動きをモデルで計算し、実績値がそれよりもどの程度良かったかを確認するものである。ただ、どんなマクロモデルでも、金利低下など金融変数の改善を入力すれば、実体経済が必ず良くなるように作られている。そういうモデルの中で金融緩和の効果が確認できるのは、ある意味当たり前である。

ただ、アベノミクス景気は戦後最も成長率の低い景気であったし、2%物価目標は今も遠いままである。異次元緩和に一定の効果があったのだとしても、その程度の効果なら「歴史的な功績」というにはほど遠い。

「金融緩和が足りない」という声は消えた

しかし、筆者は別の意味において、異次元緩和には「歴史的な功績」があったと考える。それは、2%物価目標が達成できていないにもかかわらず、「金融緩和が足りない」という認識が世の中から消えたことである。この認識の変化は、日銀が全力を出し切ったからこそ起こったものである。異次元緩和の前までは、追加緩和をすべきかどうかを巡って、政府と日銀の間に絶えず不協和音があった。今は政府と日銀の間にそういう軋轢《あつれき》もない。

そして何より、金融政策や物価を巡る知見が、専門家を含めて以前よりも深まった。異次元緩和の前までは、日本経済の問題の多くはデフレから来ており、さらにその原因は2%物価目標に消極的な日銀にある、という考え方が経済論壇で一定の力を持っていた。

ところが、異次元緩和の開始から数年経過した時点で、二つの重要な事実が明らかになった。それは、①「全部盛り」の異次元緩和でも2%物価目標の達成は難しい、

②2%物価目標が未達でも人手不足が深刻化するほど経済は改善する、の二つである。つまり、2%物価目標は「できもしないし、要りもしない」ことが明らかになった。もし、日銀が中途半端な緩和しか行っていなければ、「もっと大胆な緩和を行っていれば2%物価目標は達成できたはずであり、それによって日本経済はもっと良くなっていたはずだ」という誤った認識が、今も残っていた可能性が高い。

異次元緩和の初期に、インフレ率が一時的に1・5%程度まで上昇した局面があった。その時点で日銀が「勝利宣言」をしてしまって、その後の勝ち目の薄い戦いを避けるという手はあっただろうか。その選択肢はなかったと筆者は思う。もし日銀が早い段階で、少しでも「出口」へ向かう素振りを見せていれば、その後の原油価格下落や中国経済の減速によるインフレ率の低下まで、日銀の失敗によるものとされた可能性が高い。2000年のゼロ金利解除も2006年の量的緩和解除も、「時期尚早」であったとの見方が今も一部に残っている。異次元緩和でも同じ失敗をしたと受け止められた場合、「レジームチェンジ」のあらゆる努力は水泡に帰していたであろう。

日銀には、どんなに泥沼の長期戦になろうとも、「全力で戦い続ける」以外の選択肢はなかったと思う。もちろん、長く緩和を続けることには様々な副作用がありうるわけだが、それに日銀がどう対応してきたかは3－7で述べる。

日銀が全力で金融緩和をやり切り、かつそれを粘り強く続けたことで、日本経済の問題は金融政策ではない、ということが誰の目にも明らかになった。人々がそう認識できる状態を作り上げたことこそ、異次元緩和の歴史的な功績である。

もともと90年代から続く日本経済の低成長の原因は、わずかな物価の下落や金融緩和の不足にあったわけではないと筆者は考える。その意味で、デフレと金融政策を巡り長く論じられてきた議論の多くは、議論に使われた時間やエネルギーに見合うほど価値のあるものではなかったと思う。今はそうした議論が経済論壇からほぼ一掃され、正解にはなかなかたどり着けないながらも、成長戦略や成長と分配を巡る問題、財政政策のあり方などに、政策論議の焦点が正しく当たるようになった。こうした経済論壇の建設的な変化が、異次元緩和を経ずとも起きていれば一番良かったのかもしれないが、そういう組み合わせはおそらくなかったのだと思う。

（3－4）
1％でも珍しい日本の低インフレ

コスト高で物価が上がる局面はあるが

2％物価目標は、今後も達成される可能性は低い。2021～22年にかけて世界的にインフレが進行した。日本も本書執筆時点で2％台のインフレとなっており、当面なお上昇する可能性がある。しかし、これは原油など国際商品の価格高騰を反映したものであり、自律的、安定的に続く性格のものではない。2％物価目標の達成とは、2％程度のインフレが不満の種にもニュースにもならず、日常生活に溶け込んで長く社会になじむ状態のことである。かなり先の将来まで展望しても、日本がそういう状態になる可能性はきわめて低い。なぜそう言えるのか、事実を振り返ってみる。

日銀が展望レポートで見通しの対象としているのは、生鮮食品を除いた消費者物価である。ここでは、より基調的な物価の動きとして、生鮮食品だけでなくエネルギーも除いた消費者物価に着目する（図3－2）。その指標の前年比は、1990年代半ばから25年以上にわたり、2％に達したことが一回もない。その半分の1％に一時的に達

図3-2　消費者物価

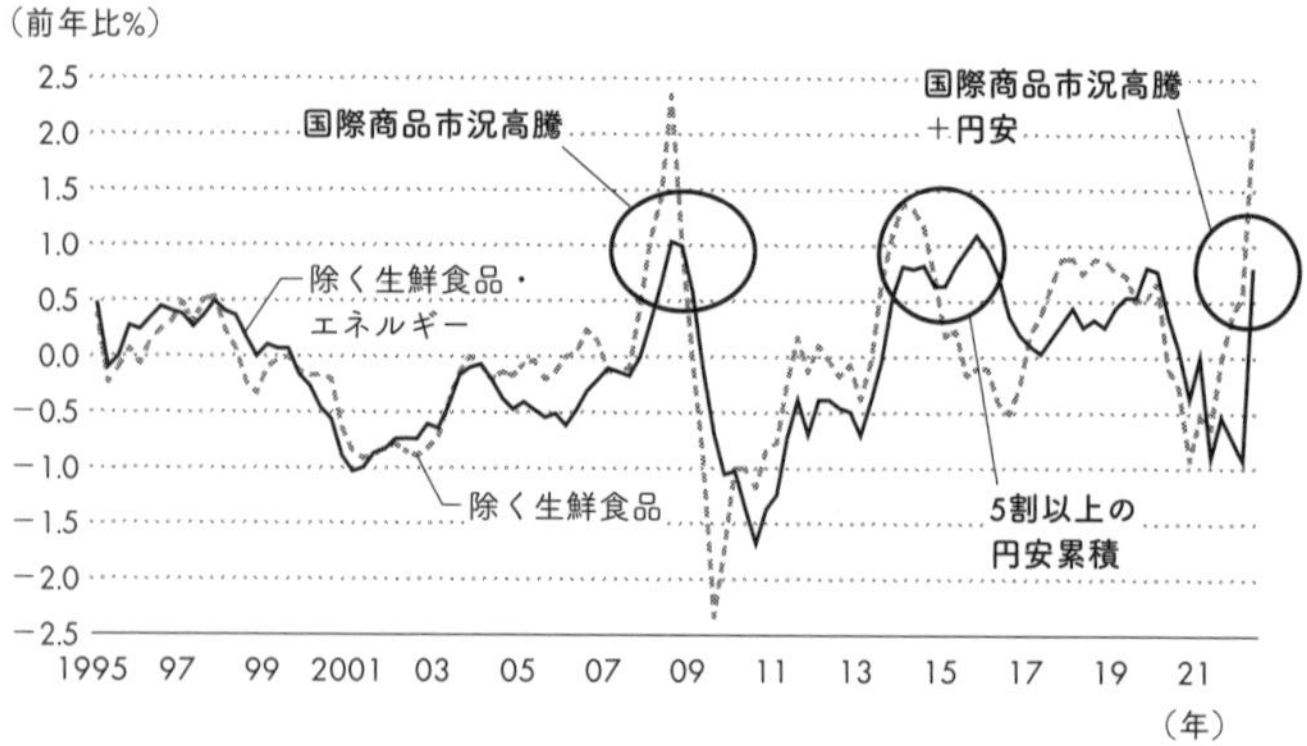

（注）1997年と2014年の消費税率引き上げの影響を調整
（出所）総務省より筆者作成

したことですら、わずか二回しかない。

一回目は２００８年である。この年は、数年にわたる国際商品市況の高騰（コモディティ・スーパーサイクル）が、その終盤で一気に加速した年であった。当時の緩い金融規制のもとで、投機的なマネーの動きも商品市況を押し上げていた。原油だけでなく、穀物や金属など幅広い商品の価格が軒並み高騰したため、エネルギーを除いたこの指標で見ても消費者物価が１％程度まで押し上げられた。

二回目は２０１５年である。異次元緩和の初期に進行した大幅円安の影響が、ややタイムラグを伴って消費者物価に反映された局面である。

２０１２年から２０１５年にかけて、70円台から１２０円台へと5割以上も円安になったことは、消費者物価に相応のインパクトを与えた。

上記二回の１％インフレはいずれも短命に終わった。理由は二つある。第一に、物価上昇をもたらした原因自体に持続性がなかった。２００８年の商品市況高騰にはバブル的な要素があり、その年の秋に起きたリーマンショックの前後から、バブルは一気に崩壊した。また、２０１５年のように3年程度で5割以上というペースの円安が、そのまま続くはずがない。その後、円安の進行が止まったことと、２０１４年中から始まっていた原油価格急落の影響により、消費者物価の前年比は急低下した。

第二に、商品市況高騰や円安による物価上昇は、いずれもコストプッシュ型である。コストプッシュ型の物価上昇は、強い需要のもとで賃金と物価がともに上がる場合とは異なり、家計の購買力を低下させて個人消費に悪影響を与える。需要の低迷でそれ以上の物価上昇は抑えられてしまうので、コストプッシュ型の物価上昇は持続可能でない。

２０２２年のインフレは今後どうなるか

そして今、２０２２年もコストプッシュ型の物価上昇が起きている。エネルギーを除いた消費者物価の前年比が、90年代後半以降で三回目の「１％超え」となるのは確実である。しかも、コロナ禍やウクライナ情勢を受けた今回のコスト圧力は、前二回よりもしぶとそうである。今度こそ2%物価目標に達成の可能性が出てきたのではないか、と金融市場が関心を寄せるのもうなずける。

しかし、今回も日銀の2%物価目標が達成されることはない、と筆者は考える。前二回より今回の方が物価上昇の圧力が大きいとはいえ、その性格がコストプッシュ型であることに変わりはない。企業は、稀《まれ》に見るコスト上昇圧力を受け「非常時対応」として値上げをしているが、嵐が過ぎ去れば「できる限り値上げはしない」という平時モードに戻るだろう。つまり、2022年のインフレは、日銀が目指す「日常風景」としての2%インフレではない。

2%程度のインフレが「日常風景」となるには、その程度のインフレは「気にならない」ぐらいの賃金上昇が必要である。そのためには企業と労働者の間に、「2%程度のインフレは当たり前という前提で賃金を決める習慣」が根付かなければならない。経済学者や公務員の給与や公共料金もそういう感覚で上がり続けなければならない。日銀が「中長期的な期待インフレ率の上昇」と呼ぶのは、具体的にはそういうことである。

日本では、これまでコストプッシュ型の物価上昇が起きても、有効求人倍率がバブル期を上回るほど労働需給が逼迫しても、中長期的な期待インフレがはっきり上昇することはなかった。今回だけ中長期的な期待インフレ率が上昇する、と考えるべき根拠は乏しい。日本の中長期的な期待インフレ率がいかに上昇しそうもないかは、次の分析を見ればさらによくわかる。

フィリップス曲線の上方シフトは起こらない

景気が良い局面でも日本の物価がほとんど上がらないことは、図3－3の散布図を見れば明白である。この図は景気とインフレ率の関係を表したものである。横軸の需給ギャップが景気であり、プラスなら需要超過、マイナスなら需要不足である。縦軸は先ほどの消費者物価（除く生鮮食品・エネルギー・為替要因）の前年比であるが、より基調的な動きを捉える観点から、筆者が独自に為替要因を調整している。

点の分布は、理論どおりに緩やかな右上がりになっている。この右上がりの関係は「フィリップス曲線」と呼ばれている。ここで注目したいのは、右上がりの傾きが極めて緩やかなことである。これだけ緩やかだと、いくら景気が良くなっても（点がいくら右へ行っても）、2％インフレになることはない（点がそこまで上には行かない）。

この図のような景気と物価の関係が続く限り、日本にどんな好景気が訪れても、2％物価目標が達成されることはない。点の集団が全体として大きく上方へシフトすることが、2％物価目標達成の必要条件なのである。フィリップス曲線の上方シフト

図3-3　フィリップス曲線

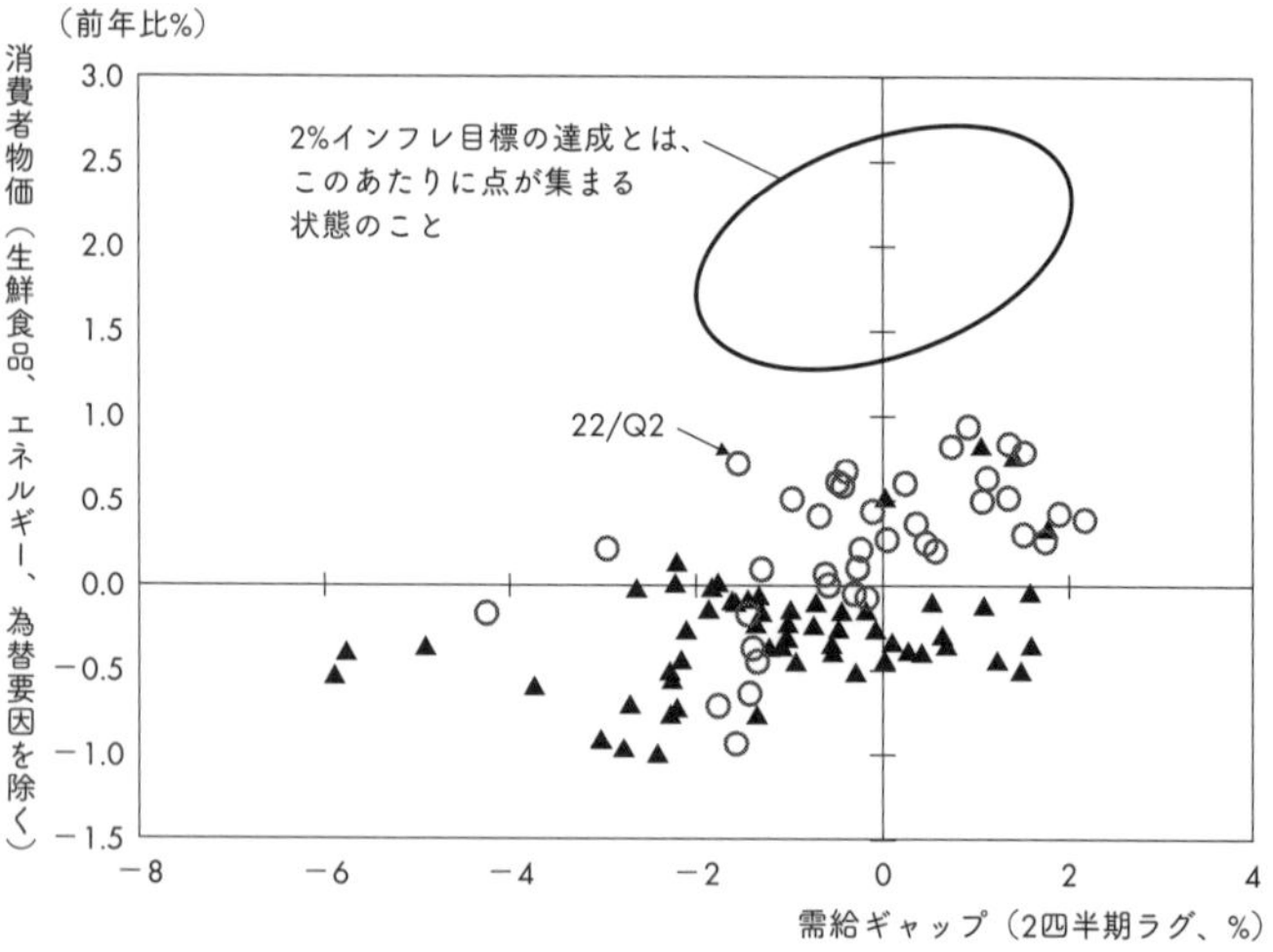

▲ デフレ期（1998−2012年）　○ 異次元緩和期（2013年−）

（注）為替要因は以下の回帰式により算出

CPI＝0.041＋0.151×需給ギャップ−0.047×為替相場

（6.0）　（8.3）

R^2（自由度調整済み）＝0.63、（　）内はt値

ただし、需給ギャップは2四半期ラグ、

為替相場は円の名目実効レートの前年比（3−8四半期ラグ）

（出所）総務省、日銀、BISのデータから筆者算出

とは、景気が以前と同じでも、人々がより高いインフレ率を当たり前と感じるようになるということであり、それがまさに先述した「中長期的な期待インフレ率の上昇」に相当する。日銀が異次元緩和で狙ったのはそれである。

標準的な理論では、物価目標に中央銀行が強くコミットすれば、その物価目標と同じインフレ率を人々が予想するようになるとされる。これは、今はまだ物価が上がっていなくても、「これから上がる」と中央銀行が言えばそのように人々が予想するという話なので、「フォワードルッキングな期待形成」と呼ばれる。

しかし、3－2で述べた通り、金利の低下余地がない状況において、中央銀行の「意思」だけで人々の予想が変わるとは考えにくい。金利の引き下げ余地がない時に、どうすればフィリップス曲線の上方シフトを起こすことができるのか、様々な仮説はあるが、金融政策だけではほぼ不可能である。[注3]

「総括的な検証」で持久戦へ

異次元緩和の開始から3年ほど経ったところで、2年では2％物価目標が達成でき

注3　西村（2021）は、米国のインフレ上昇との関連においてであるが、期待インフレ率を巡る最近の議論に関する参考文献をまとめている。

なかった現実を踏まえ、日銀は2016年9月に「総括的な検証」と呼ばれる分析作業を行った（日本銀行（2016））。日銀が出した大事な結論のひとつは、日本の期待インフレ率は「フォワードルッキングな期待形成」ではなく、「適合的な期待形成」で決まる度合いが大きい、というものであった。適合的な期待形成とは、人々は実際の物価動向を踏まえて、先々の物価を予想するということである。「日本ではフォワードルッキングな期待形成があまり働かない」という現実を、日銀が公式に認めた2016年9月が、異次元緩和の転換点であった。

「2年程度」と期限を切って物価目標を達成するには、日銀は能動的に人々の期待を変えることができなければならない。それには人々のフォワードルッキングな期待形成が不可欠である。ところがそれは働かず、働くのは主に適合的な期待形成だけなのだとすると、何らかの理由で実際のインフレ率が上がる、という現象が先に起こらなければならない。日銀にできるのは、それが起こるのを受動的に待つことだけであり、異次元緩和は持久戦になる。

そして、その「待っていた物価上昇」が起きたのが2022年である。あとは適合的な期待形成さえ働けば、2％物価目標への道筋は見えてくるはずである。しかし筆者は、この適合的な期待形成ですら、日本ではあまり働いていない可能性が高いと考える。

日本の低インフレは、もっと深く社会に根付いているものである。適合的な期待形成というのは、人々が物価上昇を目の当たりにして、「これからは今のような物価上昇が普通になり、賃金もその分だけ大きく上がり続けるようになる」と考えるということである。今の日本人がそのように考えているようには思えない。むしろ人々は、「今起きている物価上昇は異常事態であり、物価が上がらない普通の状態に早く戻ってほしい」と考えているのではないか。

最近は日銀も、適合的な期待形成の働きに関して、やや自信を失ってきているように見える。日銀の展望レポートによれば、２０２２年度に物価上昇率はいったん２％台に上昇するが、２０２３年度以降は再び低下する見通しである。

適合的な期待形成もそう強くは働かないのではないか、という仮説は、少なくとも日銀のスタッフレベルでは、数年前から意識されている。「総括的な検証」からさらに3年弱が経ったころ、日銀のエコノミストから興味深い論文が発表されている。次節ではそれを紹介する。

〈3－5〉物価が上がりにくい本当の理由

ゼロインフレの磁力

２０１６年の「総括的な検証」以降、２％物価目標の達成メカニズムとして日銀が重視してきたのは、適合的な期待形成である。しかし、少なくとも過去30年ほど、インフレ率が多少上昇しても、適合的な期待形成の働きでインフレ率がさらに上がりやすくなったことはなく、むしろ再びゼロインフレ近辺に戻るというパターンが繰り返されてきた（前掲図３－２）。まるで、ゼロインフレに強力な磁力があり、それに引き寄せられるかのように、である。

これは物価下落の場合も同じであり、「デフレ」と言われた15年の間も物価の下落が加速したことはなかった。リーマンショックのように「需要が蒸発」したと言われた時でさえ、インフレ率はいったんマイナスになってもその後はほどなくゼロ近傍に戻った。

この「ゼロインフレの磁力」の正体は何なのであろうか。標準的な理論の枠組みでは、「期待インフレ率がゼロ近辺で動かない」という整理になる。しかし、動かないものなら「期待」というより、「慣習」や「価値観」に近いものと考える方がよいだろう。

規範（ノルム）と合理的無関心

この「慣習」「価値観」のようなものをどう理解すべきかという問題意識は、日銀の公式見解からは今もあまり感じられないが、日銀のスタッフによって書かれた2019年の論文には興味深い考察がある（一上ほか（2019））。この論文は、日本の低インフレを巡る多様な論点を丁寧に扱っており、異次元緩和の時期も踏まえた物価研究のサーベイとして、現時点でも最も優れたもののひとつである。

そこでは、日本で期待インフレ率が変わりにくいことを説明する仮説として、①長期にわたる経験への依存、②規範（ノルム）、③合理的無関心、の三つが挙げられている。

①の「長期にわたる経験への依存」とは、人々の期待は短期的な出来事で簡単に変わるわけではなく、長期的な記憶に依存して決まる、という意味である。例えば、1990年代以降の低インフレの時代しか経験していない世代は、1970年代の高インフレの時代を経験した高齢層に比べて、抱く期待インフレ率が低いという研究がある（Diamond et al.（2019））。

②の「規範（ノルム）」とは、社会システムや慣習に組み込まれた社会通念のことであ

る。社会が安定的、効率的に機能するためには、人々が互いの反応や行動をある程度予測できることが重要であり、「規範」はそのための潤滑油である。もし日本で、「物価は上がらないし、上がるべきでもない」ことが規範になっているのだとすれば、人々はそれを暗黙の了解として行動することになる。

例えば、企業はコスト上昇など価格を上げたい事情があっても、まずは価格を上げないために最大限の経営努力をする。公共料金などを認可する行政の側にも、「簡単に値上げを認めてはいけない」という自己規律が働く。それがわかっている値上げ申請者の側も、「値上げの申請は他の選択肢をすべてやり尽くしてから」となる。さすがに2022年のように輸入物価が極端に上がる局面では、経営努力ではコストを吸収しきれないので、ある程度は値上げが起きる。しかし、それはあくまで「非常時」だから許されているのであって、非常時が終わったら値上げは再び難しくなる。

③の「合理的無関心」とは、期待の形成に当たってそれほど重要でない情報は、いちいち関心を払わず無視することである。これは、情報処理能力に限りがある人間にとって、大事な情報だけを効率的に取り込むための合理的な行動様式である。

以上の三つの仮説は互いに独立したものではなく、むしろ補完的な側面が強い。インフレの低位安定が長く続いた社会では、価格を変えないことが次第に規範性を帯びる。それが規範として定着した社会では、「短期的に何が起きても中長期的には低インフレだ」と機械的に予想しておけば当たる確率が高い。中央銀行の情報発信や足元の物価変動などに、いちいち惑わされない方が合理的なのである。スタッフレベルの論文とはいえ、日本でインフレ率が上がりにくい理由について、日銀がこのレベルまで踏み込んだのは、少なくとも異次元緩和の開始後は初めてだったと思う。[注4]

奇跡が起きるのを待つしかない

もちろん、この議論に説得力があればあるほど、異次元緩和には都合が悪い。現在の日銀の公式見解では、何らかのきっかけで物価上昇が起き、次に適合的な期待形成が働いて、2％物価目標の達成に至ることになっている。ところが適合的な期待形成があまり働かず、規範や合理的無関心による「ゼロインフレの磁力」が存在するのだとすれば、2％物価目標はその達成に至るメカニズムを持たないことになる。

注4　異次元緩和を行う前の日銀には類似の問題意識があった。当時の日銀はそれを「国民の物価観」と呼び、公式の情報発信でもその言葉を使っていた。例えば、2％物価目標の導入時（この時点では異次元緩和はまだ始まっていない）における「物価の安定」を巡る考え方の整理にも、「物価が安定していると家計や企業が考える物価上昇率は海外主要国より低い」という国民の物価観が説明されている（日本銀行（2013））。

図3-4　2％物価目標の認知度

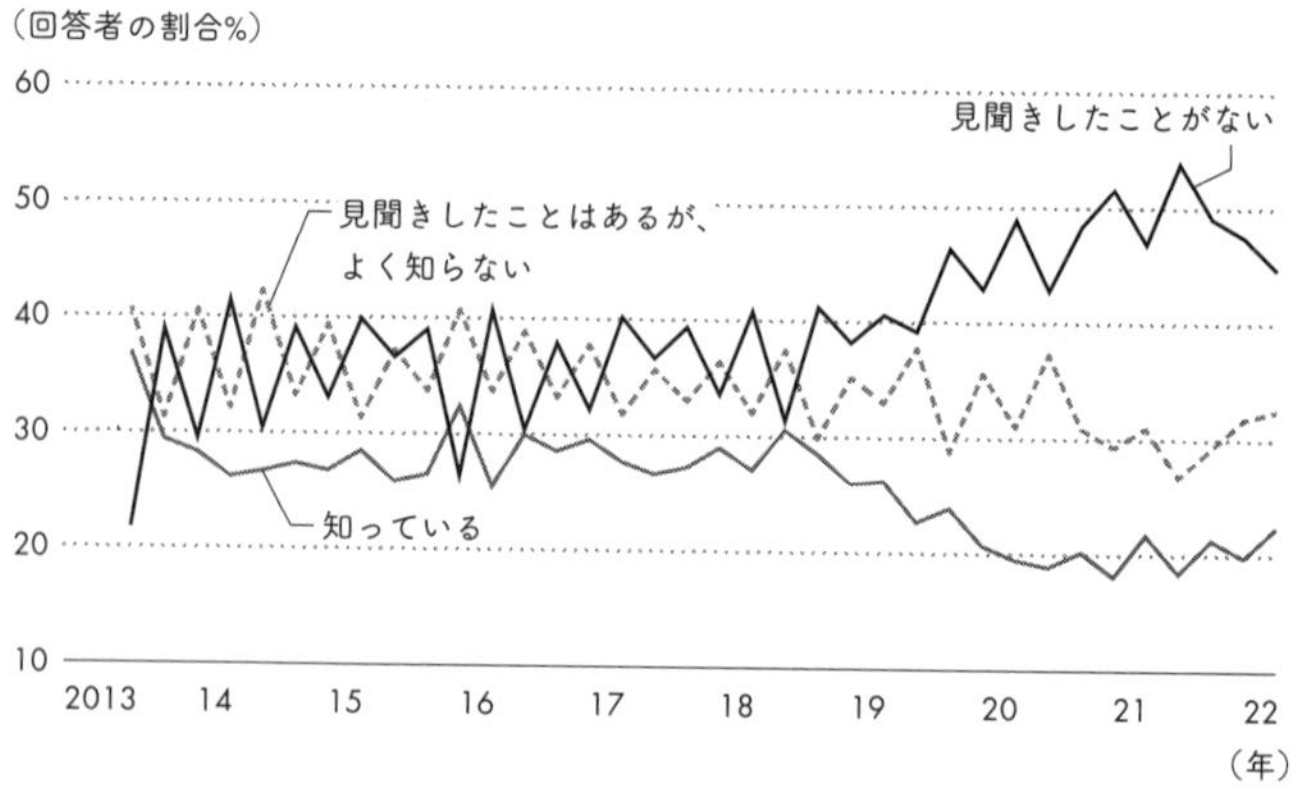

（出所）日銀「生活意識に関するアンケート調査」より筆者作成

興味深いアンケート調査がある。日銀が四半期に一度行っている「生活意識に関するアンケート調査」である。その中に「日本銀行が、消費者物価の前年比上昇率２％の『物価安定の目標』を掲げていることをご存知ですか」という質問がある。「知っている」との回答が、異次元緩和の開始当初は４割近くあったが、最近は２割前後まで低下している。一方、「見聞きしたことがない」という回答が、当初は２割程度にすぎなかったが、最近は５割前後まで上昇している（図３－４）。

人々は、２％物価目標を「信じる」「信じない」以前の問題として、そもそも知らないのである。これは日銀の情報発信に問題があるからではなく、多くの人にとって自分に関係があることとは思えないからであろう。経済学者やエコノミストは、物価目標の達成には中央銀行の信認が重要だと考えたがる。しかし、人々は日銀の言うことを信じないのではなく、そもそも関心がないのである。

2%物価目標が達成されるとすれば、それは何らかの偶然によるしかない。偶然はいつ訪れるかわからないので、運が良ければ今後1〜2年であっさり達成されるかもしれない。しかし、規範や合理的無関心には、時間の経過によってさらに強まる、という自己増強的な性格がある。「2%物価目標の奇跡」は50年、100年、起きなくても不思議ではない。

3－6 短期決戦から持久戦への大転換

最初は持続性がなくてもよかった

2％物価目標の達成の見込みがないとすると、次の論点は、異次元緩和をずっと続けていても問題がないのか、である。結論から言うと、当初の異次元緩和には持続性はなかったが、その後の軌道修正により、今の異次元緩和は相応の持続性を備えたものになっている。本節では、まずその前半部分、当初の異次元緩和が持続できなくなった経緯を概観する。

日銀が２０１３年に異次元緩和を始めた時、中心的な手段は長期国債をネットで年間50兆円買い入れることであった。これは、それまでの買い入れペースを倍以上に加速させるものであり、国債市場の規模等を考えると、5年も10年も続けることは難しいペースであった。

もちろん当初は、2％物価目標を2年程度で達成するという建前だったので、5年も10年も続けられるようにしておく必要はなかった。むしろ、持続性がない無鉄砲なやり方で退路を断つ方が、強いコミットメントを示すこととも整合的であった。しかし、短期決戦に懸けた戦略は、持久戦になった場合はすぐに弾切れになるという問題を伴う。現実はそのとおりの経過をたどるのであるが、弾切れの直前で日銀がまず選んだ戦略は、残余戦力の集中投下で起死回生を狙うことであった。

みずから寿命を縮めたハロウィン緩和

２０１４年10月、２％物価目標が２年程度で達成できないことがほぼはっきりした時点で、日銀は国債の年間買い入れ額を、ネット50兆円から同80兆円へと引き上げた。これは市場の意表を突くサプライズ緩和だったこともあり、「黒田バズーカ２」と呼ばれた。[注5] それを決めたのが10月31日だったので、「ハロウィン緩和」とも呼ばれた。50兆円でも持続性が乏しかったのに、それを80兆円に引き上げれば、異次元緩和の寿命をみずから縮めることになる。それでも日銀がそうしなければならなかったのは、この戦いが日銀にとって、もともと不利なゲームだったからである。

日銀に限らず主要な中央銀行は、先行き２～３年程度について経済と物価の見通し

注5　最初の「黒田バズーカ」は、２０１３年４月の異次元緩和開始のことである。

を公表している。それらは通常、四半期に1回程度の頻度で更新される。中央銀行の見通しにはその立場から来る特殊性がある。物価目標を掲げて政策を行っている以上、2~3年後の物価の見通しは、物価目標に近づくように作成されるのが通例である。これは日銀に限ったことではない。自分たちの政策が正しいと言うためには、物価はそういう見通しにしなければ辻褄《つじつま》が合わないのである。

ただ、日銀の場合は物価目標が日本の実態に合っていないので、物価目標に近づくように物価見通しを作れば、見通しはほぼ例外なく、あとから下方修正されることになる。そして、物価見通しを下方修正する時には、追加緩和も併せて行わなければ、物価目標の達成に全力を尽くすという本気度を疑われる。本気度を疑われれば円高・株安になる。

そういう不利なゲームを始めたのは日銀自身だが、それは短期決戦に懸けたことの代償なので仕方がない。「量」の面での弾薬は残り少なくなったが、それでも日銀は、本気度を示す戦いをなおしばらく続けた。前に述べた「ピーターパンの物語」が市場で話題になったのは、この局面でのことである。2015年12月には、買い入れる国債の残存年限を長期化するなどの措置が講じられた。国債買い入れの「量」が限界でも、日銀は「質」で戦い続けようとした。

時が味方しなかったマイナス金利

その限界も認識した日銀は最後のカードを切る。２０１６年1月にマイナス金利の導入を決定したのである。これは、日銀当座預金にマイナス０・1％のマイナス金利を適用するものである。日銀当座預金は、金融機関がいつでも自由に引き出せる短期の資金であり、その金利をそれまでのプラス０・1からマイナス０・1に引き下げれば、イールドカーブ（金利を短い年限から長い年限へと順番に並べた時に描かれる折れ線グラフ）の起点を引き下げる効果がある。それと長期国債買い入れの効果を併せれば、イールドカーブ全体を従来以上に押し下げることができる。

それ以上に重要な狙いを、日銀はマイナス金利導入に込めた。それは「異次元緩和は限界」という市場の疑念を払拭することであった。２０１６年1月の政策発表文には、「従来の『量』と『質』に『マイナス金利』を加えた3つの次元で、追加的な緩和が可能なスキームである」とある。日銀は、金利のマイナス幅を必要なら深掘りするという点を強調し、追加戦力はまだまだあるという印象を市場に浸透させたかったのである。

その狙いは外れ、市場はネガティブに反応した。1月に１１8円前後だったドル円相場は、春には１１０円を切る円高になった。その間、株価も軟調に推移した。

マイナス金利政策が市場で評価されなかった理由はいろいろある。よく言われるのは、金融機関の収益を圧迫する副作用が意識されたことである。注6 また、マイナス金利は日銀当座預金の一部にしか適用されないものであったが、それが国民の資産にも広く及ぶという誤解が広まり、そのことが消費者心理に悪影響を与えた可能性もある。

しかし、何と言っても最大の理由は「時が味方しなかった」ことである。その年は年初から、中国株の下落に世界経済が翻弄《ほんろう》され、グローバル市場でリスク回避の動きが強まっていた。米国経済も1～3月は思わぬ減速となり、FRBは予定していた利上げをしばらく見合わせることになった。欧州の金融機関が発行する債券が値崩れを起こすなど、低金利環境が金融機関経営へ及ぼす影響に、世界中の投資家が敏感になっていた。

歴史に「たら・れば」はないが、仮に2013年のような追い風局面でマイナス金利が導入されていれば、デフレ脱却へ向けた日銀の英断として、市場で好感されていたかもしれない。逆に言えば、異次元緩和もそのスタートが2016年だったら、少なくとも2013年のようなポジティブな評価にはならなかった可能性が高い。

3－2で述べた通り、異次元緩和は一皮むけば異次元でも何でもない。マネタリーベースの拡大に比べれば、マイナス金利政策の方が、理論的には筋が良いとすら言える。それでも、マイナス金利を導入したという事実と、円高・株安が進み消費者マインドも悪化したという事実があれば、真の因果関係はどうであれ、マイナス金利の導入は失敗だったという評価になる。
マイナス金利にいきなり悪いイメージが付いてしまったことは、その深掘りで異次元緩和の持続性を高めようとした日銀の目論見を狂わせた。マイナス金利の導入はむしろ、そのままの形での異次元緩和を、一気に持続困難なものへと追い込む契機になった。

注6　日銀当座預金は金融機関の資産であるから、そこにマイナス金利が課されれば、金融機関の収益は圧迫される。日銀もその問題は事前に認識していたため、日銀当座預金を3層に分割することにより、金融機関収益への悪影響を最小限に抑える工夫をした。具体的には、基礎残高（金利プラス0・1%）、マクロ加算残高（金利ゼロ）、政策金利残高（金利マイナス0・1%）の3層に分けて、このうちマイナス金利が付される政策金利残高はごくわずかとなるように運用された。

(3-7) イールドカーブ・コントロールの光と影

日銀が初めて意識した副作用

２０１６年前半は世界経済の減速感が強まり、市場もリスク回避一色となった。安倍首相は6月初め、２０１７年４月に予定されていた消費税率の引き上げ（8→10％）を２０１９年10月に延期した。6月23日には英国で、欧州連合（ＥＵ）からの離脱の是非が国民投票にかけられ、離脱派がまさかの勝利を収めた。ドル円相場が一時１００円を切る円高となるなど、金融市場は動揺した。ただでさえ楽観的すぎる日銀の物価見通しは、さらなる下方修正が必至の情勢だった。

前述の通り、物価見通しの下方修正は、追加緩和とセットにしなければ、さらなる円高・株安を招くリスクがあった。しかし、２０１６年夏の時点では、金融緩和の副作用も問題になっていた。年初のマイナス金利導入と、年間ネット80兆円もの長期国債買い入れによって、10年物の国債金利もマイナス圏まで低下していた。金融セクターの資金運用難と国債市場の機能低下が、日増しに深刻になっていた。

「量」「質」「金利」の3次元のうち、「量」や「金利」での追加緩和は、以上の状況をさらに悪化させる可能性が高かった。結局、日銀が7月の会合で決めたのは、ETFの年間買入れ額を3・3兆円から6兆円へ増やすことであった。「質」の面でわずかに残されていた緩和余地も、ここでほぼ使い切る決断をしたのである。

それとともに日銀は、この7月会合でもっと重要なことを決めた。それまでの異次元緩和に関する「総括的な検証」を翌9月の会合において行う、ということである。その目的は、2%物価目標の達成に時間がかかる現実を受け止め、戦い方を持久戦に適したものに立て直すことであった。

情報発信の姿勢にも変化があった。それまでは、サプライズによって市場の望ましい反応を引き出そうとしてきた面が少なからずあった。しかし、2016年9月の「総括的な検証」に至る局面では、日銀はあらかじめその問題意識や論点を丁寧に説明した。サプライズの要素を減らし、これから行うのは「緩和の後退ではなく持久戦への移行なのだ」ということを、市場が冷静に受け止められるように努めたのである。

その一環として、会合の約2週間前というタイミングで、黒田総裁、中曽副総裁が相次いで、「総括的な検証」を主題とする講演を内外に向けて行った（黒田（2016）、中曽（2016））。これらの講演では、「政策のベネフィットとコストのバランスをとる」という考え方が明確に示された。金融緩和の「コスト」や「副作用」をいっさい語ってこなかった日銀の大転換であった。

イールドカーブ・コントロールの誕生

9月の「総括的な検証」において日銀は、人々の期待形成の分析に基づき、2%物価目標の達成には時間がかかるという現実を受け入れた（3－4参照）。その現実を受け入れたことに伴う政策面の帰結として、異次元緩和を持久戦に切り替える新しい枠組みが導入された。イールドカーブ・コントロールである。

イールドカーブ・コントロールの正式名称は「長短金利操作付き量的・質的金融緩和」と言う。ポイントは、短期金利と長期金利の二つを金融政策の「操作対象」とすることであった。具体的に決めたのは、①短期金利については日銀当座預金の一部に「マイナス0・1%」を適用すること、②長期金利については10年物国債金利を「ゼロ%程度」で推移させること、の二つである。

いずれも実態としては現状追認であったが、これらを操作対象にしたことに意味がある。「操作対象にした」とはどういうことかというと、金融政策の緩和・引き締めを、それまでのように国債買い入れ何兆円という金額によって示すのではなく、長短金利の目標水準がそれぞれ何%であるかによって示すことにしたという意味である。ちなみに、この時に決めた「マイナス0・1%」「ゼロ%程度」という目標水準は、その後一度も変更されていない。コロナ対応の特別な施策を除けば、2016年9月から今日に至るまで、追加緩和も引き締めもいっさい行われていない、ということである。

短期金利を金融政策の操作対象にするのはごく普通のことであるが、長期金利はコントロールが難しいので、どの中央銀行も基本的に市場に任せる。[注7] その意味で、長期金利を操作対象にするのは「奇策」である。ただ、当時日銀が置かれていた状況への対応という意味では、よく練られた奇策であったと言えるかもしれない。

当時問題になっていたのは、長期金利がマイナス圏に深く沈み込みすぎることであり、それを避けるには日銀が国債の買い入れを減額する必要があった。ところが、それまでの「量」「質」「マイナス金利」という3次元の枠組みを残したままでは、国債の買い入れ減額は「量」の次元で見た「緩和の後退」に該当してしまう。緩和の後退と市場に受け止められれば、円高・株安が進むリスクがある。日銀には、国債の買い入れを減額しつつ、それを「緩和の後退ではない」と説明できる魔法のような仕掛けが必要だったのである。その仕掛けこそが、イールドカーブ・コントロールであった。「短期金利」「長期金利」の二変数で金融緩和の度合いを表すなら、それらの目標水

注7　オーストラリア準備銀行は、コロナ対応の局面で3年物金利のコントロールを行ったが、今はもう行っていない。10年物金利のコントロールは、少なくとも近年では日銀以外に例がない。

準を変えない限り、国債買い入れの量をいくら減らしても「緩和の後退ではない」と説明できる。「量」はもはや、それを増やせば金融緩和、減らせば金融引き締めという関係にはない、ということにしてしまったのである。

当初、中央銀行が長期金利をコントロールできるのかという懐疑的な見方もあったが、それも問題ではないことが実績で示されていった。イールドカーブ・コントロールは開始から約6年になるが、その間、10年物国債金利は「ゼロ%程度」にほぼ完璧にコントロールされている。

ただし、長期金利コントロールの真の難しさは、その目標水準の変更・廃止の際に生じる。例えば、中央銀行が長期金利の目標水準を引き上げるという予想が市場に広まると、その時点で長期金利に猛烈な上昇圧力がかかる。それを避けたければ、中央銀行は長期金利の目標水準を引き上げる直前まで、その意図を隠し通すしかない。これは政策の透明性を著しく犠牲にすることになるので、それはそれで大問題である。

オーストラリア準備銀行は、コロナ対応で3年物金利のコントロールを導入したが、それを2021年11月に廃止した際、市場にはかなりの混乱が生じた（Reserve Bank of Australia（2022））。これまで日銀が長期金利の安定に成功してきたのは、2%物価目標に近づき長期金利の引き上げを検討するような局面が、日銀には一度もなかったからである。物価目標を達成できない中央銀行ほど、長期金利のコントロールはうまくいく。

メンテナンスで延命される異次元緩和

２０１６年９月のイールドカーブ・コントロール導入以降も、日銀は異次元緩和の持久力を高めるため、様々な副作用の芽を摘み取る工夫を重ねてきた。

第一に、国債市場の著しい機能低下への批判が強まるたびに、日銀は長期金利の目標水準である「ゼロ％程度」の解釈を広げてきた。注8

第二に、マイナス金利についても、その実態は「骨抜き」が進んでいる。すなわち日銀は、日銀当座預金のうちマイナス金利が適用される残高を減らし、プラス金利の適用残高を増やす工夫を、次々に拡充してきた。注9 ２０２０年11月には「地域金融強化

注8　２０１８年7月には、10年物国債利回りの目標水準「ゼロ％程度」の具体的な幅が、それまでの概ね±０・1％から、上下その倍程度に拡大された（「倍程度」というのは政策発表文にはないが、総裁記者会見で説明されている）。さらに、２０２１年3月には、その幅は±０・25％と明確化された。

注9　日銀は２０２０年3月以降、コロナ対応の一環として企業金融を支援するための特別な資金供給制度を導入、拡大した。その際、それを活用した金融機関に対して、マイナス金利の適用残高を少なくする工夫や、プラス金利を付与する優遇策を盛り込んだ。

さらに２０２１年3月、日銀は「貸出促進付利制度」を導入し、上記コロナ関連の資金供給や、それ以外に以前から行っていた各種の日銀貸出について、全体的に金利の優遇度を高めた。また、仮に将来マイナス金利を深掘りしても、それによる金融機関収益への悪影響が一部相殺される仕組みも導入した。２０２１年９月に導入された気候変動対応オペも、これら優遇策の対象とされた。

のための特別当座預金制度」の導入を決め、収益力強化に取り組む地域金融機関に追加的なプラス金利を与えることとした。[注10] これらの取り組みもあり、当初強かったマイナス金利への批判は、次第に目立たなくなってきている。

第三に、ＥＴＦの買い入れについても、２０２１年３月には買い入れの原則停止を決めた。ＥＴＦ買い入れを日常的に続ければ、株式市場の機能等への悪影響が強まると懸念されたためである。買い入れを株価急落時のみに限定することで、ＥＴＦ買い入れの仕組み自体の持続性は、むしろ高めることができた。

このように、日銀の異次元緩和は、２０１６年９月のイールドカーブ・コントロール導入を境に性格が一変した。２％物価目標に向けて能動的に攻め込む政策から、２％物価目標が長期間達成できないことを前提にメンテナンスだけを続ける政策へと、根本的に姿を変えたのである。当初の驚きや勢いはなくなったが、代わりに持久力は格段に強化された。２％物価目標を達成する戦いには勝てなくても、「ずっと戦い続けられるようにする」工夫はそれなりにうまくいっている。今後も異次元緩和の持久力を脅かす問題が出てくるたびに、日銀はひとつひとつ丁寧に対応していくと思われる。

イールドカーブ・コントロールと円安問題

そうした問題のひとつが2022年の春以降持ち上がった。金融市場において、日銀は長期金利の上昇を容認するのではないか、という思惑が台頭したのである。

理由は二つある。第一に、インフレ率が2％に達したことで、日銀がいよいよ異次元緩和の「出口」を模索するのではないか、という誤解が市場の一部に生まれたことである。実際には前述のとおり、コストプッシュ型の物価上昇だけでは2％物価目標に近づけない。日銀自身もそう説明している。しかし、そうした日本の現実を正しく理解していない投資家は、海外を中心に少なくないようだ。

第二に、円安の進行とそれに関連した日銀批判である。2022年の物価上昇は世界的なインフレの中で起きていることであり、米国や欧州のインフレ率は8～9％程度に達している。米国では3月以降利上げが続けられているほか、ユーロ圏でも7月利上げが始まった。そうした動きを先取りする形で、2022年初めごろから内外の長期金利差が広がり、ほぼ連動するように円安が進行した。

注10　形式的なことを言えば、この制度は金融政策の一環ではなく、金融システム安定のための措置として導入された。しかし、同じ日銀が決めている以上、マイナス金利政策への批判を和らげるという問題意識があったと考えられる。

２０２２年の円安の特徴は、国民に不人気で「悪い円安」とされていることである。人々は輸入コストの急上昇のうち、国際商品市況高騰の影響と円安の影響を区別できず、実態以上に円安が悪者扱いされている可能性はある。それでも、ただでさえ輸入コストが上昇している時に、それに拍車をかける円安が喜ばれるわけはない。その円安の主因は海外と日本の金利差なのだから、日銀の金融政策に不満の矛先が向くのは自然である。

円安の抑制には財務省の為替介入という手もあるが、近年の先進国間の了解では、為替介入は極めて例外的な場合にしか使えない。より正統性が高い利上げもせずにいきなり為替介入に訴えることは、国際社会の理解を得られにくい。日銀は長期金利上昇の容認に追い込まれるだろう、という市場の臆測にはそれなりの理屈があった。

それに対して日銀は、国債買い入れの増額などで徹底抗戦を続けた。市場と日銀の「根比べ」の結果が、最終的にどうなるかはわからない。しかし、２％物価目標の達成を最重要課題とする日銀が、市場の圧力に屈することは考えにくい。国債市場の機能軽視という批判はあっても、日銀は長期金利の抑え込みを優先するだろう。

ただ、２０２２年のこのエピソードは、「イールドカーブ・コントロールが為替変動を必要以上に増幅する」という問題点を明らかにした。２０２２年前半の局面では円安方向だったが、いずれ米欧の長期金利が低下する局面がくれば、今度は円高が増幅される可能性がある。円安が「良い」か「悪い」かは簡単に評価できる話ではなく、立場や局面によっても異なる。しかし、方向が円安でも円高でも、為替の大きな変動は望ましくない。

２０２２年のコスト・インフレや円安騒ぎは収まる時が来るだろうが、日銀はいずれ腰を据えて、イールドカーブ・コントロールの功罪を見つめ直すことになると思われる。イールドカーブ・コントロールには、さらに5年、10年と続けていけば、金融システムや資産運用への負荷が強まりかねないという問題がもともとある。為替変動を増幅する問題点も明らかになった以上、イールドカーブ・コントロールは、２％物価目標未達のまま折を見て廃止されるのではないか。

(3―8) 2％物価目標をやめられない理由

ハイリスク・ノーリターン

マイナス金利やイールドカーブ・コントロールという極端な政策手段を日銀が取り続けるのも、すべて2％物価目標が原因である。達成のあてがなく、金融政策に無理がかかるだけの2％物価目標を、日銀はなぜやめないのだろうか。

2％物価目標は、それが導入された経緯との関係で見ても、とっくにその役割を終えている。安倍元首相は、２０２０年に首相を退任した直後のインタビューで、2％物価目標が世の中の空気を変えたこと、それにより経済や雇用が改善したことに言及し、「目標は十分達成することができた」と述べている（日本経済新聞電子版２０２０年9月30日）。

それでも日銀には、2％物価目標を廃止・変更できない理由がある。大きく分けると、①政治的な理由、②理論面での理由、の二つがある。

政治的な理由から述べる。一言で言えば、日銀がみずから2％物価目標を廃止・変更することは「ハイリスク・ノーリターン」である。金融政策の根幹をなす重要事項の廃止・変更は、手間もかかるし注目も集まる。「続ける意味はないが決定的な問題も回避できる」という程度のものならば、それを廃止・変更するコストに見合うリターンが日銀にはない。

もちろん、2%物価目標への批判が大きくなれば、日銀もその廃止・変更を検討せざるをえない。しかし、円安への批判はあっても、2%物価目標を廃止すべきという世論は高まっていない。2022年は「インフレが2%になったのになぜ緩和を続けるのか」という方向に一部の論調が振れ、2%物価目標そのものを問う空気はむしろ後退気味である。

国民の不満が強いわけではないので、政治もそれをあえてイシューにしようとは考えない。そもそも2%物価目標の廃止・変更は、アベノミクス以来の経済政策に対する否定的なニュアンスを持つ。少なからぬ識者やメディアがそういう視点で論評するだろう。できれば触りたくないというのが現政権の本音ではないか。

政治サイドから日銀へのメッセージが、「これからもうまくやってくれ」という程度のものならば、下駄を預けられた日銀がみずからポジションを取って、2%物価目標の廃止・変更に踏み切るのは難しい。そのあとで金融・為替市場や経済・物価が望ましくない動きになった場合、日銀は「うまくやった」ことにはならないからである。

中央銀行が何らかの行動を取り、市場や経済に何らかの変化があれば、両者の間に真の因果関係がなくても、その変化は中央銀行の行動と結びつけて解釈される。そのことは、異次元緩和の開始や、マイナス金利の導入のところでも述べた。2％物価目標の廃止・変更というのは、きわめて重大な政策方針の変更である。それを独断で起動することには、日銀にとってメリットが乏しく理不尽なリスクが大きい。2％物価目標は、もはや日銀が対応できるテーマではなく、国民的な議論が必要である。

「のりしろ」が必要という考え方は正しい

次に2％物価目標をやめられない「理論面の理由」である。2％物価目標の正当性を日銀自身がどう語っているかを確認しよう。日銀幹部がまとまりよく説明しているのは、例えば2018年の雨宮副総裁の講演である（雨宮（2018））。それによると、2％インフレを目指す理由は三つある。

第一に、物価統計で観察されるインフレ率には、実態よりも高く出る「上方バイアス」がある。したがって、消費者物価のような統計指標が多少プラスのインフレを示す状態こそ、真の物価安定に近い。

第二に、景気後退への備えとして、平時の名目金利の水準をある程度プラスにし、利下げの「のりしろ」を確保しておくことが望ましい。そのためにはまず、インフレ率をある程度のプラスに安定的に保つ必要がある（インフレ率が低いのに金利だけ高くすると実質金利が上がりすぎてしまう）。

第三に、先進国の中央銀行は皆、2%程度を物価安定と考えているので、日本も同じ2%を目指すことが「為替の安定」につながる。

このように日銀は2%物価目標の根拠として、「統計の上方バイアス」「のりしろ」「為替の安定」の三つを挙げている。しかし、このうち「統計の上方バイアス」と「為替の安定」については説得力が弱い。まず統計の上方バイアスについては、統計が2%もゆがんでいるのであれば、そのこと自体が大問題であって、直ちに統計改革が必要である。実際には、物価統計は絶えず改善が加えられてきており、上方バイアスは近年それほど大きな論点になっていない。また、日本の消費者物価については、家賃や携帯電話通信料など、むしろ下方バイアスが疑われる要素もある。

為替の安定については、「中長期的に内外で物価水準がほぼ同じになる」という購買力平価が成立しているなら、内外でインフレ率を同じにすることが為替水準の維持につながる。しかし、少なくともドル円相場に関する限り、20～30年ぐらいの長期で見ても、購買力平価は意味のある正確さでは成立していない。また、そもそも企業にとっては、購買力平価とは無関係に生じる短中期的な為替の変動が問題なのであり、それは物価目標ではどのみち防げない。前述のとおり、無理な物価目標を掲げてイールドカーブ・コントロールを行うと、為替の安定どころかむしろ為替変動を増幅するという問題もある。

そう考えると、残る「のりしろ」が、2%物価目標に正当性を与えるほぼ唯一の根拠である。唯一の根拠ではあるが、この「のりしろ」は金融政策にとって非常に重要なものであり、この一点だけで「ゼロインフレより2%インフレの方が望ましい」と主張することはできる。理由は三つも要らないのである。実際、他の中央銀行の物価目標についても、金利の「のりしろ」確保が圧倒的に大きな根拠となっている。

真の論点は財政政策にあり

このように「のりしろ」論は、ある程度プラスのインフレを目指すべき理論的には正当な理由であるが、現実的な難点が二つある。

第一に、ひとたび「のりしろ」を失った国がそれを再生するのは容易ではない。「のりしろ」論は、もともと2%程度のインフレが当たり前である国が、それを失わないようにする予防的な政策論として、現実的な意味を持つ議論である。

逆に、ゼロインフレが社会規範として根付いている日本のような国で、安定的な2%インフレになるまで超低金利を続けると宣言してしまうのは、少しでも「のりしろ」を広げる努力さえ、みずから永久放棄するようなものである。上位目的が「のりしろ」の獲得であり、2%物価目標はその手段だったはずなのに、2%物価目標を最重要課題とするあまり、「のりしろ」の放棄に追い込まれている――これは喜劇的とも言える本末転倒である。2%物価目標が達成できていなくても、経済の実態が許す範囲で徐々にでも金利を引き上げる努力をする方が、金融政策の自由度の回復という点ではよほど理に適う。

第二に、たとえ2%物価目標が達成できたところで、低成長・資金余剰の経済において、最終的な金利水準はどのみちそう高くはならない。これは、このあと4－1で自然利子率について論じる通り、日本だけでなく他の先進国にも、程度の差はあれ当てはまる問題である。多くの先進国では、2%物価目標を達成しようがしまいが、大きめの景気後退に対応しうるほど大きな金利の「のりしろ」は、どのみち作るのが難しい時代になっている。

もはや先進国の金融政策は、大きめの景気後退に対して構造的な力不足の状態にある。経済政策として総需要を支える必要が生じた場合、主役は財政政策にならざるをえない。逆にポジティブな言い方をすれば、景気後退時に財政政策を機動的に発動できるのであれば、金利の「のりしろ」がないことは大きな問題ではない。財政政策がきちんと機能する国では、安定的な2%インフレなどなくても、実はそれほど困らないのである。

実際、日本が長年にわたり金融緩和の余地が乏しいまま、激しいデフレにも陥らず何とかやってこれたのは、財政政策が優れた機動性を発揮してきたことによる面が大きい。日本の金融政策は早くも90年代半ばに、その「のりしろ」をほぼ喪失した。以来30年近くにわたり財政政策が日本経済を支えてきたからこそ、景気後退やデフレが深まる事態は回避されてきたのだと言える。

ただし、その結果起きたことは政府債務残高の増大である。仮に、その面から財政政策にもいずれ限界が来るのだとすれば、日本は金融政策と財政政策の両エンジンを失うことになる。景気後退の嵐に巻き込まれれば、ひとたまりもなく堕《お》ちる。これは、異次元緩和を今後どうすべきかなどとは比べ物にならない重大な問題である。政府債務残高の大きさが財政政策の限界を画すと考えるべきなのかどうかは、今後の日本のマクロ経済政策に関する死活的に重要な論点である。

低金利環境における金融政策については、所詮大した違いは生み出せないにもかかわらず、海外はもとより国内でも、膨大かつ詳細な技術論的研究であふれている。一方、良くも悪くもはるかに影響が大きい財政政策については、骨太な基本哲学すら共有されていない。例えば、日本は財政破綻に向かっているのか、それともまだいくらでも国債を発行できるのか。そんな基本的な論点についても、異なる意見の間に天文学的な距離がある。一定のコンセンサスを形成する努力をしなければ、日本のマクロ経済政策は迷走が続くばかりである。

この問題意識を念頭において、本書の残りは書かれる。第4章では、異次元緩和そのものを離れ、より一般的に金融政策の限界について述べる。最後の第5章で低成長・資金余剰時代の財政政策について考える。

第4章

強まる金融政策の限界

（4－1）自然利子率の低下

自然利子率とは何か

金融政策の重要な概念に「自然利子率（natural rate of interest）」がある。その定義は論者により多少の差はあるが、意味するところは基本的に同じである。[注1] 少なくとも金融政策に関する議論では、自然利子率は「緩和でも引き締めでもない中立的な実質金利水準」と理解しておけばよい。[注2] 金利には短期と長期があるが、金融政策の政策金利は基本的に短期なので、自然利子率についても短期が念頭に置かれている。例えば自然利子率が1％だとすれば、短期の政策金利を実質ベースで1％よりも低くすれば金融緩和、1％よりも高くすれば金融引き締めである。

自然利子率について押さえておくべき点が二つある。第一に、金融政策にとって自然利子率は所与であり、金融政策によって自然利子率そのものを変えることはできない。自然利子率を決める諸要因はそう単純ではないし、すべて解明されているわけでもないが、少なくとも潜在成長率は重要とされている。

この点に関し、強めの金融緩和を長く続け、あえて景気の過熱状態を持続させれば、設備投資や人々のスキル向上が促され、潜在成長率も上がるという議論がある。これは「高圧経済論」と呼ばれ、近年ではＦＲＢのイエレン議長（当時）が問題提起をして話題になった（Yellen（2016））。もしこれが正しければ、金融政策で自然利子率を変えられることになるが、それはひとつの可能性にすぎないうえ、意図的に景気を過熱させることには弊害もある。したがって金融政策に関する多くの議論では、「自然利子率は所与」とされ、自然利子率を変えるには構造改革が必要とされている。

第二に、自然利子率は理論上の概念であって、それを観察できる指標や統計はない。

注1　自然利子率の定義は、長期停滞を論じたSummers（2016）では「完全雇用下で貯蓄と投資を一致させる実質金利水準」、自然利子率の概念や計測手法について整理した小田・村永（２００３）では「仮に価格が完全に伸縮的ならば実現しているであろう実質金利水準」とされている。日本銀行（２０１６）では「景気や物価に中立的な金利」という簡潔な定義が使われており、通常の議論ではこれで十分である。

注2　金融政策に関する議論では、中立金利、均衡金利、といった言葉が出てくることも多いが、いずれも自然利子率と同じ意味で使われている。このうち、自然利子率はほぼ例外なく「実質」ベースの概念として使われるのに対し、中立金利や均衡金利は「名目」ベースの概念として使われる場合もある。実質か名目かは前後の文脈から明らかなことが多いが、誤解を避けるために「実質均衡金利」「名目中立金利」などの言葉が使われる場合もある。

図4-1　米国の自然利子率

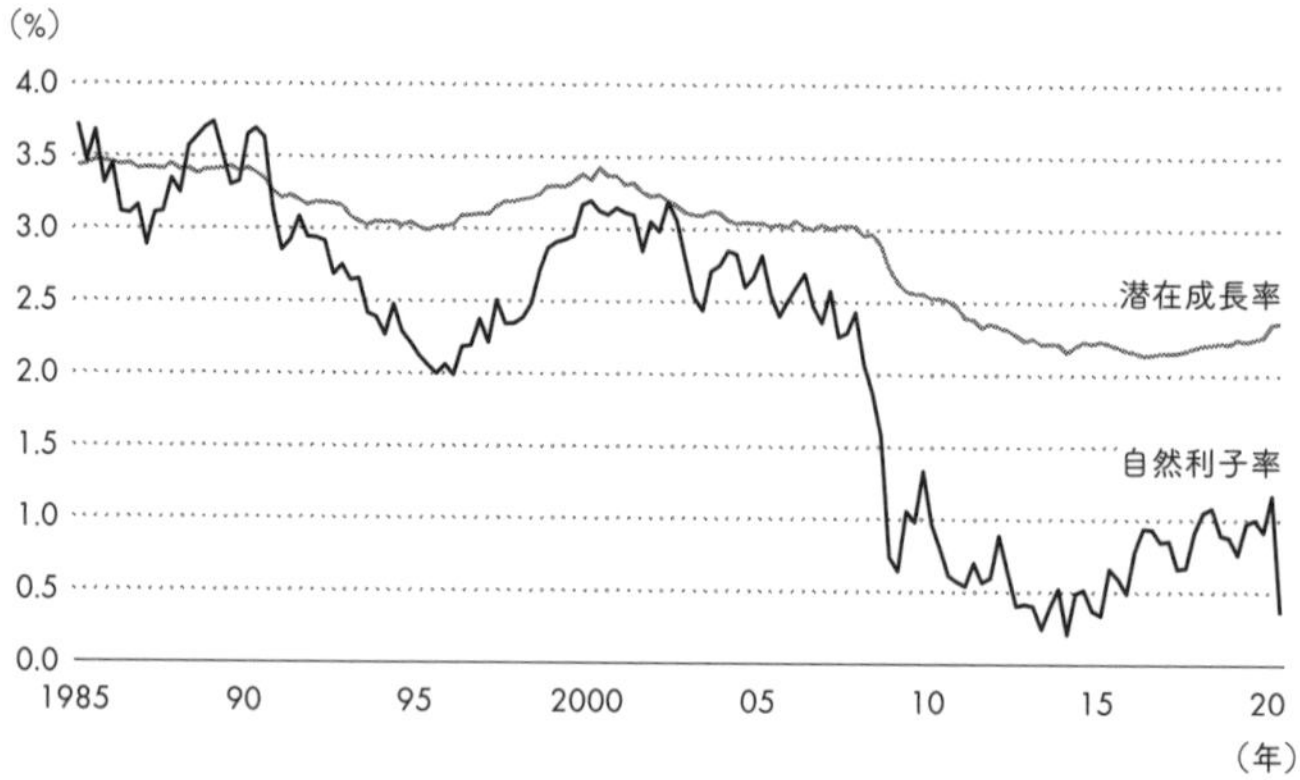

（出所）ニューヨーク連銀より筆者作成

具体的にそれが何%なのかは各種データから推計するしかなく、推計値なのでおのずから不確実性がある。潜在成長率や需給ギャップなどの場合と同じである。したがって、中央銀行が実質政策金利を自然利子率より低くしたつもりでも、それで本当に金融緩和になっているのかどうか、当の中央銀行ですらよくわからないということもありうる。[注3]

米国の自然利子率は2010年代に急低下

米国では、現在ニューヨーク連銀の総裁を務めるジョン・ウィリアムズ氏らが、2000年代初めごろから自然利子率の推計に取り組んできた（Laubach and Williams（2003））。ニューヨーク連銀は、ウィリアムズ氏らの手法（LWモデル）で求めた自然利子率の推計値を、時系列データとして公表し、四半期ごとに更新している[注4]。

その米国の自然利子率を見ると、二つの特徴が観察できる（図4－1）。第一に、リーマンショックのころを境に、自然利子率が大幅に低下している。第二に、その結果として、近年の自然利子率は0・5〜1・0％程度と非常に低い水準になっている。

第一の特徴である自然利子率の「低下」は、潜在成長率の低下が一因だと考えられるが、それだけでは説明できない。ウィリアムズ氏らは、ユーロ圏、英国、カナダでも同じ時期に同様の現象が起きていることを根拠に、グローバルな要因が影響していると推測している[注5]（Holston et al（2016））。そのグローバル要因としてよく挙げられる仮説は、①高齢化に伴う貯蓄増加、②財政赤字の不足、③ハイテク企業の資金余剰、④国債な

注3　さらに言えば、実質政策金利をどう認識するかも単純ではない。実質政策金利の定義は「政策金利－期待インフレ率」であるが、期待インフレ率も目に見えない。簡便法として、期待インフレ率の代わりに実際のインフレ率を使うことが多いが、①本当にそれでよいのか、②具体的にどの物価指標を使うのか、③インフレ率の一時的な振れをどう考慮するか、など論点はいくらでもある。

注4　https://www.newyorkfed.org/research/policy/rstar
なお、コロナ禍の影響で推計値が不安定になっていることから、2020年8月を最後に更新が中断されている。

ど安全資産への需要増加、などである。それぞれもっともだが、それらの相対的な重要性をどう見るかなど、わからないことも多い。

そもそもLWモデル型の推計手法を使うと、自然利子率はGDPやインフレ率などから「逆算」したようなものになる。観察されている事実は、2010年代に多くの先進国でインフレ率が低下したということである。もうひとつ、その間多くの先進国で大幅な金融緩和が続けられていたという事実がある。この二つの事実を推計モデルに与えれば、「これだけ政策金利を下げてもインフレ率が上がらないのは、自然利子率が低いからだ」とモデルが逆算する。つまり「自然利子率の低下」には、「中長期的なインフレ率の低下」という観察事実を言い換えたにすぎない面がある。

では、なぜ2010年代に多くの先進国で低インフレになったのだろうか。これも決定的な答えはないが、グローバル化や情報技術の影響がよく指摘される。これがたまたま2010年代だけの現象なのか、今後も長く続く構造的な現象なのかは、まだ結論が出ていない。

世界経済のコロナ禍からの回復に、ウクライナ危機の影響も加わり、2022年に米欧では約40年ぶりの高いインフレになった。それ自体は低下するだろうが、その後、コロナ前よりは高いインフレ率が定着するのか、あるいはコロナ前と同様の低インフレに戻るのか、本書執筆時点では不明である。もし、インフレ率が高止まる構造変化が起きているのだとすれば、今後計算される自然利子率は上昇すると考えられるが、それはまだわからない。

米国では金融緩和の「最大パワー」が半減

今確実にわかっているのは、少なくともコロナ前まで、米国の自然利子率が非常に低かったということである。これは金融政策にとって厄介な問題である。自然利子率は前述のとおり「実質」の概念だが、わかりやすくするため「名目」の次元で考えてみよう。

先ほどのニューヨーク連銀の試算を参考に、米国の自然利子率を0・5%とすると、それに中長期的なインフレ率である2%程度を足した2・5%が、米国の名目中立金利（緩和でも引き締めでもない政策金利の水準）になる。[注6] すると、政策金利を2・5%よりも低くすればするほど金融緩和の度合いは大きくなるが、金融緩和が可能な「幅」は最大2・5%に限られることになる。[注7] この点、2000年代初頭の自然利子率は約3%であり（前掲図4―1）、それにインフレ率2%を足せば、名目中立金利は5%程度であっ

注5　前注に掲げたニューヨーク連銀のサイトには、米国の自然利子率だけでなく、米国、ユーロ圏、英国、カナダの自然利子率を加重平均したものも掲載されている。

たと考えることができる。つまり米国の金融緩和が出しうる「最大パワー」は、かつての5%から近年は2・5%へと半減したのである。

日本では金融緩和の「最大パワー」がゼロ

日本の状況はさらにずっと厳しい。日本の自然利子率については、日銀スタッフによる推計がある。ウィリアムズ氏らの手法を日本に当てはめた2016年の推計では、日本の自然利子率は90年代後半以降、ほぼ一貫してゼロ近傍であり、マイナスの局面もあったとされる（岩崎ほか（2016））。その後、2018年にはより多様なデータを活用した推計も行われているが、結果は当時の過去5年平均で0・3%と、やはりゼロ近傍であった（岡崎・須藤（2018））。

日本の場合、自然利子率が長期にわたりゼロ近傍であることに加え、インフレ率も米国よりずっと低い。デフレではなくなったと言われる異次元緩和の期間で見ても、2022年春以降を除けば、インフレ率は概ね0〜1%で推移してきた。その中心の0・5%を日本の中長期的なインフレ率とみなし、自然利子率をちょうどゼロとすると、名目中立金利は両者を足した0・5%である。これが米国の2・5%に対応する数字になる。

つまり日本では、短期の政策金利を0・5%より低くしない限り、そもそも金融緩和にならないし、金融緩和の最大パワーもわずか0・5％しか出ない。自然利子率の推計値には誤差があるので、金融緩和の最大パワーはゼロかもしれない。日銀が短期の政策金利をマイナス0・1％まで引き下げている現状でも、「異次元」どころか「ただ」の金融緩和にすらなっていない可能性がある。90年代後半から名目中立金利がずっとゼロ近傍だったとすれば、日本では過去30年近くにわたり、金融緩和らしい金融緩和はできていなかったことになる。今後この状況が変わる展望を、少なくとも積極的に持つことはできない。

注6　連邦公開市場委員会（ＦＯＭＣ）は、政策金利の中長期の見通し（longer-run projection）を公表しており、各委員の中央値が2022年6月時点で2・5％となっている。したがって、本文の数値例はＦＯＭＣの公式見解とも概ね整合的である。なお、ＦＯＭＣは米国の金融政策を決定する委員会のことであり、ＦＲＢの理事（議長、副議長を含めて定員7名）と地区連銀総裁（定員12名）で構成される。また、米国の政策金利は、フェデラルファンド・レートと呼ばれる短期市場金利である。

注7　政策金利の下限は厳密にゼロではないかもしれないが、「ゼロ近辺」であることは疑う余地がない。この点は次節で述べる。

(4-2)

金利の実効下限とリバーサルレート

リバーサルレートとは何か

「日本で金融緩和ができない」というのも、大元に立ち返れば、名目金利の下限はゼロだからである。なぜ名目金利の下限はゼロなのかというと、現金という金利ゼロの安全な金融資産が存在するからである。例えば預金にマイナス金利を課されたら、預金を引き出して金利ゼロの現金で持っておく方がましなので、現金が存在する限りマイナス金利の金融資産は存在できない。これを金利の「ゼロ制約（zero-bound）」と言う。

ただ、この話は厳密ではない。現金は必ずしも「最も安全かつ便利」な資産ではない。現金には信用リスクや価格変動リスクはないが、盗難や紛失のリスクがある。遠隔地間や多額の決済には不便でもある。現金よりも預金の方が、実は安全で便利と言える面がある。

それを踏まえると、預金に多少のマイナス金利が課されたとしても、人々は預金を持つことになお一定のメリットを感じるはずである。個人の少額預金の場合は微妙だが、日常的に多額の決済を行う企業の場合、仮に多少のマイナス金利が課されても、預金を全部引き出して現金にしてしまうことは考えにくい。それでも、預金のマイナス金利があまりにも大きい場合は、企業も様々な工夫をしながら現金保有に切り替える可能性が高まる。理論的には、現金の保管料や保険料に相当する幅を超えて、預金金利のマイナス幅を大きくすることはできないと整理されている。既存研究によれば、その幅は0・75〜2％程度と推計されている（例えばIMF（2017）のAnnex II）。

このように現金との裁定で決まる金利の下限（金利のマイナス幅の上限）を、金利の「実効下限（effective lower bound, ELB）」と言う。金利が十分高かった時代は、金利には「ゼロ制約」があるというざっくりした捉え方でよかった。ただ、近年は日銀や欧州中央銀行（ECB）のようにマイナス金利政策を行うケースが出てきたので、ゼロ金利近辺の議論がより厳密になり、小幅なマイナスのどこかにELBが存在するという認識が一般的になっている。

ところが、その意味でのELBまで、中央銀行が実際に政策金利を引き下げられるとも限らない。ELBはあくまで、現金の存在から決まる「物理的な下限」であり、金利の絶対的な下限と言ってもよい。しかし、そこまで金利を下げる手前でも、低金利の副作用が効果を上回った時点で、金融緩和としての意味はなくなってしまう。そこが金利の「経済的な下限」であり、これをリバーサルレートと言う。中央銀行にとっては経済的な下限がすべてなので、金融政策を巡る議論では、リバーサルレートのことをＥＬＢと言うことも多い。

低金利で金融機関に負荷がかかる理由

リバーサルレートについては、プリンストン大学のブルネルマイヤー教授らによる研究が有名である[注8]（Brunnermeier and Koby（2019））。以下の記述もそれを参考にしている。

リバーサルレートが存在する理由は、政策金利を極端に引き下げると、金融機関の利鞘《りざや》が圧縮されるメカニズムが働くからである。その説明の前に、金利水準が十分に高い普通の場合を考えてみよう。中央銀行が政策金利を引き下げると、市場金利も預金金利も低下し、金融機関の資金調達コストが下がる。すると金融機関は、利鞘を十分確保しながら貸出金利を引き下げることができるので、そこから投資需要の喚起など経済にプラスの効果が生まれる。これが金融緩和の正常な波及メカニズムである。

ところが、預金金利が既にゼロ近辺まで低下している場合は、中央銀行が政策金利をさらに引き下げても、預金金利はもはや簡単には下がらない。理論的には先ほど述べた通り、預金金利も多少ならマイナスにできるはずだが、金融機関は預金者に負担を強いることを好まない。低コストで利便性の高い決済手段を提供することは、金融機関に期待される社会的な使命である。とくに日本の場合は、金融機関同士の競争が激しいという事情もある。

一方で、市場金利は政策金利に連動して低下する場合が多い。その時ポイントになるのが、貸出金利の決め方である。一般に貸出金利は、預金金利よりも市場金利をベースに決められることが多い。したがって、預金金利が低下せずに市場金利だけが低下する場合、金融機関の資金調達コスト全体に比べて、貸出金利の下がり方の方が大きくなる。これが、金融機関の利鞘が圧縮されるメカニズムである。以上の説明からも明らかだと思うが、このメカニズムは、資金調達に占める預金のウエイトが高い金融機関ほど大きく働く。

日本の金利水準はほぼリバーサルレート

リバーサルレートの水準を正確に認識することは難しいが、今述べたようなメカニズムで金融機関の収益が悪化し、金融機関がリスク回避姿勢を強める傾向が観察されるかどうかが、最終的な判断基準になる。その場合は金融緩和が逆効果になり、実体経済にも悪影響が及ぶ。この点、長くマイナス金利政策が行われてきた日本やユーロ

注8　両氏による初期の研究は２０１６年3月の BIS Research Network meeting で発表され、その後何度か改定が重ねられている。

圏でも、金融機関の収益がそこまで悪化しているわけではない。実際、日銀もＥＣＢも一貫して、金融システムは健全に機能しているとの判断を示してきた。

一方で両中央銀行とも、公式に明言したことはないが、政策金利をリバーサルレートに近いところまで下げ切った、という可能性は意識してきたのではないか。例えば２０２０年春のコロナ第一波の際、経済への深刻な打撃が懸念されたのだから、もしリバーサルレートを意識する必要がなかったのであれば、日銀もＥＣＢも利下げを行っていたはずである。実際には両中央銀行とも、マイナス金利の深掘りを控えた。

リバーサルレートは国によっても、あるいは局面によっても異なりうる。日銀の短期の政策金利はマイナス０・１％であり、ＥＣＢは２０２２年７月に利上げを始めるまで長らくマイナス０・５％であった[注9]。ただし、ＥＣＢが実施したのと同じマイナス０・５％まで、日銀も利下げできるとは限らない。様々な条件に違いがあるからである。

ＥＣＢがマイナス金利を導入したのは２０１４年であるが、その時点で欧州の預金金利はまだ低下の余地があった。実際にその後、マイナス金利が深掘りされていく過程で、欧州の金融機関は資金調達コストの低下メリットを享受できた。一方、日本の預金金利はもともとゼロ近傍にあり、マイナス金利が導入された２０１６年の時点で、預金金利の低下余地はほとんどなかった。しかも、欧州に比べると日本の方が、金融機関の資金調達に占める預金の割合が大きい。日本では欧州に比べ、政策金利がわずかにマイナスになっただけでも、金融機関の収益が圧迫されやすい条件がそろっていた。[注10]

超低金利は、それが同じ水準のままでも、時間の経過とともに金融機関への悪影響が増していくとされる。貸出にせよ債券運用にせよ、既存の資産が満期を迎えて新たな資産に置き換わっていくたびに、以前よりも低い金利が適用されて、金融機関の平均利鞘が低下していくからである。

言い換えれば、リバーサルレートは時間の経過とともに上昇していく。それに合わせて実際の政策金利を少しずつ上げていかないと、金融機関収益への圧迫が強まっていく可能性がある。日銀はおそらくそのことも認識したうえで、低金利環境が金融システムに与える影響をつぶさに定点観測している。[注11] 今後、日銀が政策金利を引き上げ

注9　ＥＣＢの政策金利は正確には三本立てになっている。２０２２年７月までマイナス０・５％だったのは預金ファシリティ（金融機関がＥＣＢに置く預金）の金利である。他の二つは、主要オペ金利（ＥＣＢの通常の資金供給に使われる金利）と限界貸出金利（資金の逼迫時などにＥＣＢが金融機関に貸出を行う際の金利）であり、２０２２年７月までそれぞれ０％、０・25％であった。

注10　日本銀行（２０１９）は、低金利政策の下での日本の金融機関の収益構造について、欧州のそれと比較した分析を行っている。

ることがあるとすれば、2％物価目標の達成に目途《めど》が立ったという理由で引き上げる可能性よりも、金融システムに与える負荷への配慮などから引き上げる可能性の方が高いと考えられる。

注11　日銀は2021年3月、金融政策決定会合のうち展望レポートを作成する会合（年4回）においては、金融システムの点検を担当する金融機構局が報告に参加することを決めた。これは、金融システムの動向を踏まえて金融政策を決めることの重要性が増している、という認識の表れであろう。

（4―3）現金をなくしても金融緩和の地平は広がらない

マイナス金利を自由に深掘りできるようにはなるが

前節で述べたように、マイナス金利の深掘りに限度があるのは、究極的には現金が存在するからである。したがって、現金を完全になくすことができれば、中央銀行はマイナス金利を自由自在に深掘りできるようになる。

「現金をなくする」というアイディアは、ひと昔前なら荒唐無稽であった。しかし今は、キャッシュレス社会が着実に進行し、日銀を含む多くの中央銀行がデジタル通貨の発行を検討している。もちろん、それはあくまで決済システムの向上のためであり、中央銀行がマイナス金利深掘りの野心を強めているわけではない。それでも、前述のとおり多くの先進国で自然利子率が低下し、次に金融緩和が必要になった時に再びその限界に直面することを考えれば、「現金をなくしてマイナス金利を深掘りする」というのは魅力的なアイディアに映る。実際、学術的なレベルでは、近年そういう議論が

ある。[注12]

実際には、デジタル通貨を導入したとしても、現金をなくすことには高いハードルがある。さらに、そのハードルをクリアして現金をなくすことができたとしても、金融緩和の地平が広がることは「原理的にない」というのが筆者の考えである。

確かに、現金をなくせばマイナス金利を無限に深掘りできるようにはなる。しかし、現金がない世界でのマイナス金利の深掘りは、金融緩和の効果を生まない。これはかなり本質的な論点だと思うが、筆者の知る限り意外に論じられていない。「現金の金利はゼロ」という事実があまりにも当たり前すぎて、そこに含まれている重要な意味が忘れられているからかもしれない。

価格はすべて「相対価格」

車が時速40キロで走っているとする。その時、車の下の地面、すなわち地球も動いている。地球は高速で自転し、太陽の周りも公転している。ならば地球の上を走っている車は、本当はどのぐらいの速さで動いているのだろうか。

そんな無意味な疑問を持つ人は誰もいない。車の速度について話す時、われわれは地球を静止した絶対座標軸として認識している。それにより、本当は「車と地球の相対的な関係が1時間で40キロ分変化する」という現象を、「車が時速40キロで走っている」という簡単な言い方で済ますことができている。

お金の世界にも同じようなことがある。現金は金利が常にゼロなので、あらゆる価値表記の絶対座標軸になっている。例えば金利5％の資金運用とは、1年後の金額が現金で持ち続けた場合よりも5％大きくなるような資金運用、という意味である。「現金で持ち続けた場合よりも」という部分を言わずに済んでいるのは、現金の金利はゼロに決まっているからである。

これは、価格についても言えることである。ためしに、そういう絶対座標軸がない世界を想像してみよう。「今日の1000円は1年後も1000円」である現金がこの世からすべて消え、金利がマイナス5％のデジタル通貨に置き換わったと考えよう。すると人々は、「今日の1000円が1年後は950円」へと額面が連続的に変わるデジタル通貨を基準とし、それに対する相対的な関係ですべての価値を認識せざるをえなくなる。

注12　マイナス金利深掘り論者として著名な経済学者の一人にハーバード大のロゴフ教授がいる。Rogoff（2016）の第10章は、長期的に最善の解決策は、現金をなくすことであると述べている。同時に、現金をなくすまでの次善の策として、現金と準備預金の交換比率を経時的に変化させるなど、現金に事実上のマイナス金利を課す工夫について先行研究を紹介している。

例えば、今日1000円のランチがあったとする。現金を基準にすべての価値を測っていた時は、そのランチが1年後も1000円と表示されていれば、それは価格の「据え置き」を意味した。シンプルだ。しかし、金利がマイナス5%のデジタル通貨を基準にすると、1000円のランチが1年後も1000円と表示されたままなら、その1年間で5%の値上げがあったことになる。現在1000円のデジタル通貨は1年後には950円になるのだから、ランチの表示価格も950円にならないと、今と同じお金で今と同じランチは食べられない。

もう明らかだと思うが、われわれが普段「価格」と呼んでいるものは、本当は「現金に対する相対価格」である。「1000円はずっと1000円」という現金を基準にして、ある物の「現金に対する相対価格」が1000円から1050円に変われば値上げ、950円に変われば値下げである。

通常、経済学の価格理論で最初に学ぶのは、A財、B財という2財間の相対価格である。それが価格の本質だからそれを学ぶのであり、経済学的に意味のある価格はすべて「相対価格」である。例外はない。財の数が無限に増えても同じである。もちろん、無限の財同士の相対価格をすべて認識するのは大変である。ところが、無限の財のうちのどれかひとつを選んで、そのひとつの財に対する相対価格だけに注目することにすれば、相対価格の認識はぐっと楽になる。しかも、そのひとつの財に永遠不変の額面が付されていれば、時系列的な相対価格の変化も簡単に認識できる。そのような便利な基準財の役割を果たしているのが、現実の世界では貨幣（＝現金）である。この場合の現金のように、相対価格の基準となる財のことを「ニュメレール（価値尺度財）」と呼ぶ。

何らかのニュメレールがないときわめて不便なので、もし現金がなくなれば、次善の選択としてデジタル通貨がニュメレールになる。すると価格情報はすべて「デジタル通貨に対する相対価格」になる。ただ、デジタル通貨に金利をつけてしまうと、その額面は永遠不変にはならない。先ほどの例のようにデジタル通貨の金利がマイナス5％の場合、ある物の表示価格が下がっても1年間で5％以内なら「値上げ」であり、表示価格が5％よりも大きく下がれば「値下げ」である。人々は表示価格の変化を、頭の中で常に年率5％分調整しながら認識しなければならない。それは不可能ではないが面倒である。額面が永遠不変、つまり金利が常にゼロの現金は、本当に便利である。

金利はすべて「相対金利」

以上が予備知識である。ここで、現金のない世界でデジタル通貨の金利がゼロからマイナス5％へ引き下げられた時、それは大幅な金融緩和になるのかどうかを考えてみたい。現金はなく、預金から現金へのシフトは起こりえないので、預金金利も自由に下げられる。したがって、預金金利もデジタル通貨の金利と同じだけ、5%下がると考えるのが自然である。その分、銀行の資金調達コストが低下するので、貸出金利も5%低下するだろう。

貸出金利が5%も低下するのだから、大きな金融緩和効果が得られそうだが、実はそうならないのである。現金がない世界でデジタル通貨の金利がゼロからマイナス5%に引き下げられると、財やサービスの表示価格もその後の1年間で、そうでなかった場合に比べて5%下がると考えられる。そうしないと、先ほどのランチのように「値上げ」になってしまうからである。実体経済の需給条件が変わっていないのに「値上げ」はできない。

かくして物価も売上高も収益も賃金も、名目金額で表されるものの上昇率はすべて年率5%低下する。すると貸出金利が5%低下しても、それでちょうど実質貸出金利が不変に保たれるだけであり、金融緩和にはならない。

われわれが今住んでいる世界では、金融緩和により様々な金利が低下しても、現金の金利だけはゼロのまま絶対に変わらない。そういう絶対座標軸がひとつ存在するからこそ、「政策金利に連動して財やサービスの表示価格が変わる」というような力が働かないのである。そのことによって、貸出金利の低下は実質貸出金利の低下になり、金融緩和の効果が生まれる。

われわれが普段「貸出金利の低下」と言っているものは、正確には「貸出金利の現金の金利に対する相対的な低下」のことなのである。現金の金利は常にゼロなので、その部分を省略して「貸出金利の低下」と言っているだけである。したがって、現金がない世界で金融緩和効果が生まれるためには、「貸出金利のデジタル通貨の金利に対する相対的な低下」が必要になる。デジタル通貨の金利をマイナス5％やマイナス10％にすること自体が金融緩和になるわけではない。デジタル通貨の金利の下げ幅よりも貸出金利を大きく下げることができた場合に、ようやく金融緩和になる。

以上の点については、「様々な名目金額が瞬時に調整されると考えるのは現実的ではなく、デジタル通貨の金利を引き下げれば、短期的には金融緩和効果があるのではないか」という反論がありうる。もしかすると1回目はそうかもしれない。しかし、デジタル通貨にマイナス金利が課され、しかもそれが変更されることがある、と人々が気づいた途端に、名目金額に関する契約や商慣習が大きく変化すると予想される。

われわれが今、長期契約の価格や固定金利にメリットがあると感じるのは、現金という絶対的な座標軸があるからである。それでも、インフレ率が高くその変動が問題になる国では、「物価スライド方式」の値決めが多くある。ニュメレールの額面自体が動く世界になると、「ニュメレールの変動リスク」すなわち「デジタル通貨の金利変動リスク」に人々は重大な関心を持つようになる。価格、金利、家賃などの名目金額の契約は「デジタル通貨金利スライド方式」に置き換わっていくだろう。

マイナス金利の深掘りはデノミと同じ

そのようにして、あらゆる名目金額がデジタル通貨の金利に連動し、相似的に変化するようになると、それは通貨単位の調整を意味するデノミと、経済的な意味合いは同じになる。[注13] 通常デノミは、きわめて高いインフレが続いて日常取引の金額が大きくなりすぎた時に、通貨単位の桁数を減らす目的で行われる。日本でも1946年に、それまでの100円を1円と呼び替えるデノミが行われた。これは、すべての名目金額を100分の1の数字に読み替えるだけなので、実体経済には中立である。もちろん金融緩和でも何でもない。

現金がない世界でデジタル通貨の金利がマイナス5%ということは、ニュメレールの額面が1年間で1000円から950円へと連続的に読み替えられていくということである。これは、日々連続的に年率5%でデノミが行われるのと同じである。実体経済に中立であり、金融緩和ではない。1回限りの大幅デノミと違って取引金額を格段に小さくするというメリットもなく、価格の認識が面倒になるというデメリットだけが残る。ニュメレールは永遠に額面不変、すなわち金利が常にゼロであってこそ、高い存在価値がある。

ところで、中央銀行がデジタル通貨を導入する場合、現金も残して併存させるのであれば、デジタル通貨にマイナス金利を付けるという選択はありうる。その場合のデジタル通貨へのマイナス金利は、現金よりも利便性が高いことへの手数料のような位置づけになる。

しかし、もしも現金をなくしてデジタル通貨に完全に置き換える時代が来たら、その時はデジタル通貨に決して金利を付けてはいけない。どんな未来が来ても、相対価格、相対金利の基準となる絶対座標軸は、何かひとつ必要である。その役割を果たす現金が消えるのであれば、その役割を引き継ぐデジタル通貨の金利は、永遠にゼロに固定しなければならない。「現金をなくせば金融緩和の地平が広がる」のではなく、「現金をなくしたらデジタル通貨に金利は付けられない」のである。

注13　日本語のデノミに相当するのは英語では redenomination である。英語の denomination は単に通貨呼称のことを言う。

（4－4）

「日本化」を恐れたＦＲＢ

低インフレの定着から抜け出したい

本書執筆時点で、米国の金融政策を巡る最大の焦点は40年ぶりの高インフレへの対応である。そのような事態は2年前まで全く想定されていなかった。２０２０年までのＦＲＢの悩みは、インフレ率が恒常的に目標の2％を下回り続けていたことであった。平均すれば1％台半ば程度ではあったので、ゼロインフレに近い日本ほど低かったわけではない。それでもＦＲＢは、低インフレの長期化に強い懸念を抱いていた。理由は三つあった。

第一に、2％を下回るインフレ率が、そのまま中長期的に定着してしまう可能性である。日本もそうであったように、低インフレが続けば続くほど、人々はそれを当たり前と思うようになり、2％物価目標の達成はさらに困難になる。

第二に、自然利子率の低下である。4－1で述べた通り、米国の自然利子率は

２０１０年代に急低下した。自然利子率に中長期的なインフレ率を加えたものが名目中立金利、すなわち金融緩和の「最大パワー」になる。したがって、自然利子率が低いうえに、中長期的なインフレ率まで低くなってしまえば、金融緩和の「最大パワー」がさらに落ちてしまう。このうち自然利子率は金融政策では変えられないので、せめて中長期的なインフレ率だけでもしっかり２％程度は保ちたい、とＦＲＢは考えていた。

第三に、いったん名目中立金利が大幅に低下し、金融緩和が効かなくなってしまうと、その状態から抜け出すのは難しい。それがまさに日本で起きたことであり、欧州でもそれが起きつつある、とＦＲＢは認識していた。「日本化」は起きてしまったら打つ手はなく、起きる前に全力で防ぐことが大事だ、という思いがＦＲＢには強かった。

２０２０年の政策レビュー

そこでＦＲＢは２０１９年から２０２０年にかけて、「金融政策の戦略等に関するレビュー（Review of Monetary Policy Strategy, Tools, and Communications）」を行った。[注14] ２０２０年８月に公表された結果のポイントは、次の２点であった。[注15]

第一に、２％物価目標については、時間を通じた（over time）平均で達成されるべき、という考え方を明確にした。それまでの物価目標の考え方は、例えばインフレが５年にわたり2%物価目標を下回り続けても、過ぎてしまったことは仕方がないと割り切って、そこからまた新たに2%インフレを目指す、というものであった。これに対し、「時間を通じた平均で」というのは、5年間インフレが2%を下回ったら、次の5年は「2%を超えるインフレ」を目指し、10年平均でしっかり2%を確保することを意味する。

これは平均物価目標（average inflation targeting）として、学術的には以前から有力視されていた考え方である。実質的に同じ内容のものとして、物価水準目標（price level targeting）という考え方もある。これは、2%インフレが毎年続いた場合の物価の「水準」を目指すものであり、平均で2%インフレを目指すことと算術的に同じになる。いずれも、目標が未達の期間があったら、その分をあとから必ず取り戻すという考え方であり（メイク・アップ戦略とも呼ばれる）、目標へのコミットメントが強い分、物価目標が達成されやすいとされる。

なお、先ほどの5年、10年というのはここでの説明のための数値例であり、FRBは「何年間の平均で2%にする」と具体的に決めたわけではない。理論を現実に適用する際には一定の柔軟性も必要である。パウエルFRB議長は、レビューで決めた新しい考え方を「柔軟な平均物価目標の一形式」と呼んでいる。

レビュー結果の第二のポイントは、最大雇用を「広く包摂的な目標（a broad-based and

inclusive goal）」と新たに位置づけ、金融政策による雇用拡大面での役割を従来以上に強調するようになった点である。ＦＲＢの法的な責務は「物価の安定」と「雇用の最大化」の二つである。この二つの責務の関係について、従来は、あくまでインフレのリスクを高めない範囲内で、雇用の最大化を図るという考え方をとっていた。例えば失業率が、完全雇用と言える水準まで低下してきたら、インフレがまだ実際には起きていなくても「予防的な引き締め」が検討された。実際２０１０年代の後半には、そういう考え方で累計２・25％の利上げが行われた。

ところが２０１０年代の後半は、失業率が50年ぶりの水準まで低下しても、最終的にインフレは上がらなかった。これはＦＲＢにとって予想外だった。失業率が低下すればインフレが上がるという関係を「フィリップス曲線」と呼ぶ（３－４参照）。実際には、失業率が低下してもインフレが上がらないという「フィリップス曲線のフラット化」が、ＦＲＢの想定以上に進んでいたのである。

注14　本レビューに関するＦＲＢの関連資料は次のサイトからアクセスできる。https://www.federalreserve.gov/monetarypolicy/review-of-monetary-policy-strategy-tools-and-communications.htm

注15　レビューの背景、プロセス、結果についてのコンパクトな説明は、Powell（2020）。

フィリップス曲線のフラット化は、低すぎるインフレをなかなか上げられないという意味では厄介だが、逆にそれは、インフレを気にせず「雇用の最大化」に集中できることを意味する。慢性的な低インフレのおかげで雇用重視に舵を切れるのだから、最大雇用に「広く包摂的な目標」という意味を与え、格差問題への貢献もアピールしようと考えたあたりは、政治的な配慮もあったのだろう。

レビューの含意を一言で言えば、ＦＲＢが以前よりもハト派の中央銀行になったということである。インフレがまだ起きてもいないのに「予防的」に引き締める、などということは今後はもうしないと宣言したに等しい。もしこの考え方が以前から採用されていたら、２０１０年代後半の累計２・25％の利上げは、格段に小幅なものにとどめられていたか、もしかするとまったく行われていなかったかもしれない。

ＦＲＢに触発された面もあったのだろう。少し遅れてＥＣＢも金融政策を巡る「戦略レビュー（Strategy Review）」を行い、２０２１年７月にその結果を公表した。[注16] その目玉はやはり、２％物価目標への強いコミットメントであった。ユーロ圏のインフレ率は米国よりもさらに低く、２０１３年からコロナ危機直前まで平均で１％程度にとどまっていた。欧州は既に「日本化」しているという論評も少なくなかった。

このように、米欧が相次いで２％物価目標へのコミットメントを強化したことにより、日銀だけが２％物価目標の廃止・変更を行うことは、ますます説明しづらい国際環境になった。

突然のインフレとその行方

低インフレを心配して行われた米欧のレビューの直後に、皮肉な展開が待っていた。レビューから1年も経たないうちに、米欧のインフレが急速に高まったのである。米国でも欧州でも、消費者物価の前年比は9％程度に達した。

この突然のインフレの背景は複合的である。①コロナ禍に関連した旺盛な「巣ごもり消費」、②住宅および関連需要の増加、③政府からの多額の給付金、④株高の資産効果、⑤コロナ禍がもたらした労働供給の制約、⑥半導体を含むグローバル供給体制の逼迫、⑦原油・穀物など国際商品の価格高騰、⑧ウクライナ危機によるその追加的な高騰、などである。いずれにせよ、コロナ禍やウクライナ危機といった特殊事情が大きく影響した。今後の展開として二つのシナリオが考えられる。

第一のシナリオは、特殊事情の影響が薄れた後も、高めのインフレが定着するケースである。特殊事情で始まったとはいえ、それがある程度続けば、物価と賃金の相乗

注16　ＥＣＢの戦略レビューについては、以下のサイトに詳しい説明がある。
https://www.ecb.europa.eu/home/search/review/html/index.en.html

作用が強まり、インフレが中長期的に高止まる可能性がある。

もともと、２０１０年代までの構造的な低インフレ環境は、人口動態の変化や中国の労働コストの上昇などによって終焉《しゅうえん》する、という見方もあった（代表的なものとしてGoodhart and Pradhan（2020））。脱炭素化がエネルギー価格等に上昇圧力をかけ続ける（グリーンフレーション）とも言われている。グローバル経済の地政学的な分断が、サプライチェーンのコスト上昇圧力になるとの見方も有力である。

先述したＦＲＢのレビューは、今後も原則5年に1度行われることになっている。２０２５年前後と予想される次のレビューの時点で、なお高いインフレ圧力が続いていた場合、今度はインフレを抑える方向に重点を置き直すのか、あるいは２％を多少上回る程度のインフレならむしろ積極的に許容するのかは、ひとつの論点になるだろう。

金融政策の自由度という点では、名目中立金利、すなわち金融緩和の「最大パワー」は、高いに越したことはない。自然利子率が低いのであれば、インフレの方で3〜4％稼いではどうか、という学術的な議論は以前からある。[注17] ＦＲＢはそういう議論があることも踏まえたうえで、3〜4％のインフレを目指すことのデメリットも考慮し、２％物価目標を堅持してきたという経緯がある。したがって、２％物価目標自体を簡単に変えることはないだろう。それでも、２％を下回るよりは、やや上回るあたりに狙いを定める運用に傾く可能性は、十分考えられる。日銀との開きはますます大きくなる。

第二のシナリオは、特殊事情が消えたあと、再び２０１０年代の低インフレが戻ってくるケースである。低インフレの背景とされてきたグローバル環境や技術革新の影響、中間層の賃金の上がりにくさなどが、根底において変わったのかどうかはまだよくわからない。結局ＦＲＢは、再び低インフレに悩むことになるのかもしれない。

その場合は、２０２０年のレビューによって「日本化」の回避にベストを尽くし、しかもいったんは高すぎるほどのインフレになったのに、結局は低インフレ構造が変わらなかったという話になる。ＦＲＢの悩みはより大きなものになるだろう。

２０２１〜22年のインフレは、特殊事情に未曽有の財政支出が加わったためという整理になり、インフレは「貨幣的な現象」ではなく「財政的な現象」という認識が強まるかもしれない。[注18]

マクロ経済政策を巡る骨太の議論は、良くも悪くも米国を中心に形成され、それが

注17　物価目標の４％への引き上げを早い段階から提案していた代表的な経済学者として、オリビエ・ブランシャール（当時ＩＭＦのチーフエコノミスト、現在ピーターソン国際研究所シニアフェロー）がよく知られている。例えば Blanchard et al.（2010）。

世界に波及する。今後2～3年の米国のインフレ動向とそれを巡る経済論壇の認識は、先々の日本の金融政策だけでなく、財政政策を巡る議論にも影響を及ぼす可能性がある。

注18　バイデン政権の始動から間もなく2021年3月に、1・9兆ドルの大規模な財政支出（米国救済計画）が決定された。既に景気が回復している中で、それまでの経済対策分に加えてこの財政支出も実施すれば、必ずインフレになると事前に警告していた識者も少なくなかった。例えばSummers（2021）。

（4―5）

金融緩和はバブルを生むか

金融緩和の長期化に伴うリスク

米国の数年後の金融政策は予想しづらいが、2％物価目標が達成されない日本は、数年後も超低金利が続いている可能性が高い。一方、金融緩和の長期化に対しては、「金融の安定（financial stability）」を損なうという批判がある。簡単に言えば「低金利がバブルを引き起こす」ということであるが、起きうる問題は資産価格の高騰だけではない。企業や家計の債務が過大になること、リスクの高い投資に資金が流れすぎること、金融機関や投資ファンドが過度な流動性リスクを取ること、なども金融の安定を損なう原因になる。注19

これらの現象はいずれも、金融市場ひいては経済全体を、負のショックに対して脆

注19　流動性リスクとは、簡単には売却しにくい資産を、短期の市場性資金等でファイナンスしている場合に、市場環境の悪化によってファイナンスの継続が困難になるリスクのことである。

弱なものにする。「脆弱」とは、ひとたび資産価格の下落や景気の悪化が始まった時、それらが深く厳しいものになりやすい、という意味である。１９９０年代初頭における日本のバブル崩壊や、２００８年のリーマンショックが、典型的な事例である。

現在の中央銀行はこうした過去の経験も踏まえ、金融の安定を巡る点検や分析に多くの労力を割いており、その結果を透明性の高い形で情報発信するよう努めている。日銀は『金融システムレポート』を年に2回公表しているし、ＦＲＢやＥＣＢなど多くの海外中央銀行も、同様のレポートを定期的に公表している。それらの分析内容も進化している。

ただ、そこまでは中央銀行として、ある意味当然の努力である。物価の安定だけでなく金融の安定を維持することも、中央銀行が果たすべき重要な役割だからである。本当の論点はその先にある。すなわち、みずから行う金融政策が金融の安定に悪影響を及ぼすリスクがある時、中央銀行はそのリスクをどう考慮して金融政策を決めるのかである。

例えば、金融システムが今は健全でも、低金利をこのまま続ければ将来問題が起きる可能性があるという場合に、金融政策は金融の安定を重視して「予防的な引き締め」に動くべきなのだろうか。またそれは可能なのだろうか。とくに難しいのは、「景気は悪くなく資産価格も上昇しているが、物価だけが目標よりも低い」という局面で、中央銀行が予防的な引き締めに動けるかどうかである。

これは典型的なトレードオフ問題なので、客観的な正解を定義するのは難しく、中央銀行が持つ価値観によって答えが左右される。一般に金融システムのリスクというのは、リーマンショックや日本のバブル崩壊のように、それが顕在化した場合の悪影響は甚大なものになりうる。起きる確率は低くても起きた場合の損害が大きいリスクに対しては、その予防に高いウエイトを置くことに一定の合理性がある。その論理を重視するなら、先ほどの例では予防的な引き締めを行うべき、という結論になる。

バブルを金融政策で防げない4つの理由

しかし、少なくとも低インフレ環境において、予防的な引き締めを行うことは実際には難しい。理由を四つ述べる。

第一に、金融の安定に関するリスク評価は、かなり幅のある結論しか出てこない。前述のとおり主要中央銀行は、金融システムの現状と先行きについて、レベルの高い多面的な分析を行っている。しかし、分析対象が「潜在的な危機」というすぐれて確率的な事象である以上、白か黒かというはっきりした結論は出ない（出た時には遅い）。

第二に、金融システムに関するリスクは、長い時間をかけて蓄積される。また、金融危機が起きれば景気や物価も中長期的なダメージを受ける。したがって、本当にトレードオフの関係にあるのは「景気・物価」対「金融システム」と言うより、「短期」対「長期」である。近年の政策は説明責任を強く求められる。目先の便益を犠牲にして将来のリスクを減らすという政策判断は、将来のリスクを巡る理解がよほど国民に浸透していないと、説明が難しい。

第三に、既に述べたことだが、近年の金融政策には、「低インフレを放置することのコストはきわめて大きい」という基本認識がある。筆者はそれが必ずしも正しいとは思わないが、この考えは今も世界中の中央銀行で常識とされている。前節で述べたとおりFRBは、高インフレよりも「日本化」の方が恐ろしいと考えている。だからこそ、インフレ上昇のリスクがあっても予防的な引き締めは行わない、と決めたのである。まして金融の安定のために予防的な引き締めを行うことなど、低インフレ恐怖症がある限り難しいだろう。

第四に、金融システムのリスクを抑える方法はほかにもある。金融システムに対する規制と監督である。個々の金融機関の健全性だけでなく、金融システム全体の安定を目的として規制や監督を活用することを、マクロプルーデンス政策と呼ぶ。

金融安定のリスクに関し、現在、主要中央銀行で概ね共有されている考え方は、「金融政策もそれに配慮はするが、主に対応するのはマクロプルーデンス政策」というものである。バブルなどの金融的な不均衡を防ぐのは、第一義的には金融規制・監督の仕事であり、金融政策は2％物価目標に専心するのが基本、という役割分離論が主流になっているのである。

低インフレ下で重責を担う規制・監督

この役割分離論には、学術的なレベルでは懐疑的な議論も少なくない。規制・監督には必ず抜け穴があるので、金融政策によって金融環境全体を引き締めない限り、規制・監督が及びにくい所でバブル等のリスクが蓄積される、という批判である（例えばStein（2013））。

そもそも今の金融政策は景気・物価を重視しすぎているので、もっと周期の長い金融循環（financial cycle）を重視すべき、という提言もある。[注20] しかし、低インフレ恐怖症がなくならない限り、「物価よりも金融の安定を」という提言が大きな影響力を持つ日は来ないのではないか。[注21]

中央銀行が低インフレに恐怖を持つ最大の理由は、金融緩和の余地が乏しくなるか

注20　国際決済銀行（ＢＩＳ）のボリオ金融経済局長は多くの講演や論文において、金融政策において物価を重く見る度合いを下げ、中長期的な金融安定を重く見る度合いを上げるべきと主張してきた。例えばBorio（2017）。

らである。したがって、低インフレ恐怖症をなくすには、金融緩和の「のりしろ」など、なければないでも構わないと言えなければならない。そのためには、景気後退時に財政政策の機動的な発動が可能でなければならず、より理想的には財政の自動安定化装置（景気が悪化したら財政赤字が拡大し、改善したら縮小、という動きが自動的に生じる税・支出の構造）が強力に働くことが望ましい。このように、金融政策がどこまで金融の安定を重視すべきかという論点は、他の政策のあり方とも関係する。すなわちこれは、金融政策、財政政策、マクロプルーデンス政策の三者間の役割分担をどう考えるかという問題に最終的にはなる。

財政政策がマクロ経済を安定させる機能を十分に担えない限り、金融政策にとって低インフレはやはり問題である。その問題を金融政策が強く意識すると、金融の安定はマクロプルーデンス政策にあらかた丸投げされることになる。マクロプルーデンス政策は、超低金利の長期化の影響も含めて、金融システムへの責任を持つ立場に置かれる。本節のタイトル「金融緩和はバブルを生むか」に対する答えは、現在の役割分担を前提とする限り、「その可能性があるので、マクロプルーデンス政策がしっかりしなければならない」ということになる。

海外の中央銀行は、多かれ少なかれ、中央銀行自身がマクロプルーデンス政策にも関わっている場合が多い。日本では、日銀に規制・監督上の行政権限はない。マクロプルーデンス政策の最終責任は金融庁にあり、日銀はみずからの持つ情報や分析を金融庁と共有する立場にある。

そうした日本の制度構造を前提にすれば、マクロプルーデンス政策における金融庁と日銀の協調体制は非常に重要である。近年、その協調体制が強化される方向にあるのは望ましい変化である。しかし、例えば日銀の『金融システムレポート』は、金融庁の政策にどのように活かされているのだろうか。あるいは金融庁は、日銀の金融政策をどう評価しているのだろうか。そうした議論の透明性を高めることなど、さらなる改善の余地はあるように思われる。

注21　注20で紹介したボリオ氏は、日本で起きた程度の緩やかなデフレは実体経済に悪影響を与えたとは言えない、という実証論文も発表している（Borio et al（2015））。金融安定を重視する論者が、低インフレを恐れるなと主張しているのは、偶然ではない。

（4―6）

「中立性」が金融緩和の限界を画す

非伝統的な金融政策にも限界

ここまで、金融政策が近年、その限界に直面していることを述べてきた。日銀がその典型ではあるが、他の先進国の中央銀行も多かれ少なかれ似たような状況に置かれている。標準的な理論の枠組みで言えば、その原因は自然利子率の低下である。自然利子率が低いと、政策金利をほぼゼロ、あるいは若干のマイナスまで下げても、金融緩和の効果は限られてしまう。

それでも現実の中央銀行は、「政策金利の下限」を別の方法で補う努力を続けてきた。それが「非伝統的な金融政策」と言われる一連の試みである。第一に、中央銀行による大量の国債買い入れである。量的緩和という言葉もほぼ同じ意味で使われている。その主たる狙いは長期金利の低下を促すことである。第二に、政策金利を一定期間、あるいは一定の条件が満たされるまで、引き上げないと宣言することである。これはフォワードガイダンスと呼ばれており、やはり長期金利の低下を促す狙いがある。

第三に、社債、不動産担保証券などリスク性資産の買い入れである。リスクプレミアムを引き下げ、金融市場の機能を支えて実体経済への好影響を狙う。異次元緩和はこれら三点をすべて満たしており、リスク性資産については株式ＥＴＦまで買い入れている。

こうした非伝統的な手法により、自然利子率の低下から来る金融政策の限界を、中央銀行は多少和らげることができる。しかし、それでも金融政策の本質的な限界を突破できるわけではない。その「本質的な限界」がどこから来るかというと、金融政策に求められる「中立性」である。金融政策の意思決定者たちは、経済や金融の専門家ではあっても、選挙で選ばれた国民の代表ではない。したがって金融政策は、資源配分や所得分配に対して可能な限り中立的であることが求められ、個別の利害に強い影響を与える政策手段は控えることが期待されている。

金融政策は気候変動に関与すべきか

金融政策の中立性が日本で話題になったのは、最近では２０２１年の夏から秋にかけてである。日銀が、気候変動対応を支援する資金供給（いわゆるグリーンオペ）を決めた時のことである。経済論壇では、気候変動対応で資源配分に介入するのは政府の仕事であり、中央銀行が関与するのはその責務からの逸脱だ、という異論が噴出した。

大枠としてはそのとおりである。気候変動対応を本当に促進しようと思えば、規制、税制、補助金等の強力な政策手段が必要になる。それらは個別産業の利害にも大きな影響を与えるので、民主的な手続きにしたがって政府が行わなければならない。それでも、国の政策の方向性、国民の意識、それらを反映した金融市場の変化などと十分整合する範囲において、金融政策が関与しうる余地も皆無ではない。日銀が「グリーンオペ」として行うことになったのは、そうしたごく狭い領域での話である。

日銀からグリーンオペで資金供給を受ける民間金融機関は、高いレベルの情報開示が要求される。また、その資金の最終的な行き先は、例えばグリーンボンドなど、脱炭素に資すると広く認められているものに限定される。あくまで金融市場がみずから資金の流れを変えていこうとする動きを、日銀は側面支援するにとどまる。逆に言えば、日銀が「中立性」を逸脱しない範囲で行動する限り、脱炭素化において果たしうる役割はその程度のことでしかない。

「物価の安定」という責務にも限界が

程度は違っても同じ論理が「物価の安定」にも当てはまる。「物価の安定」が金融政策の責務とされているのは、「物価の安定」は中央銀行が高い中立性を保ちながら達成可能と考えられているからである。根底には「インフレやデフレは貨幣的な現象」

という伝統的な認識がある。これは、文字通り貨幣量と物価が比例するということまでは意味しなくても、中央銀行に許される中立的な手段だけで物価はコントロールできるという認識である。しかし、自然利子率が低下してしまった近年においては、この認識を無条件に正しいと考えてよいのかどうかが問われている。

そもそも「中立性」とは何を意味するのだろうか。金融政策を含めどんな政策でも、個別の利害や資源配分にまったく影響を与えないということはありえない。例えば、金融政策の伝統的な手段である利上げや利下げも、借り手と預金者の間に一定の利益・不利益を引き起こし、資源配分に影響を与える。それでもそれが中立性の範囲内だと受け止められているのは、「物価の安定」の大義のためならその程度の利益・不利益は仕方がない、という社会的な合意があるからである。

その意味では金融政策の中立性も「程度問題」であり、中央銀行の説明に国民がどこまで納得できるかが最終的な境界線になる。この点、先述した非伝統的な金融政策は、グレーゾーンにおいてその境界線を模索する試みであるとも言える。例えば、日銀のETF買い入れはきわめて非伝統的な手段であるが、その規模や頻度が市場から強く批判されるに至ったところで、日銀は買い入れの原則停止を決めた。市場への「中立性」に照らして、そこが境界線だったのである。

逆に日銀がもっと大胆に行動することを社会が認めるなら、2％物価目標の達成などそれほど難しいことではない。例えば、国債やＥＴＦなどとケチなことを言わず、財やサービスそのものを日銀が大量に買い占めれば物価は間違いなく上がる。あるいは、価格を毎年２％上げ続ける企業に対して、日銀が補助金を出してもいい。しかし、そういう政策手段はどう見ても中立性の範囲を超える。やるなら財政政策でやる話である。

つまり、日銀が何年かかっても２％物価目標を達成できない本当の理由は、政策手段が尽きたからではなく、「中立的な政策手段」が尽きたからである。日銀の力だけで２％物価目標を達成できないのは、日銀の力だけでカーボンニュートラルを達成できないのと、論理的には同じ性格の事柄である。

そういう現実を踏まえると、そもそも金融政策の責務を「物価の安定」と日銀法で規定していることに、根本的な矛盾があるのではないかという疑問もわく。もちろん、日銀法で２％物価目標まで具体的に決めているわけではないので、実態に合わないのは日銀法そのものではなく、２０１３年に「物価の安定＝２％インフレ」と決めたことだという反論はありうる。２％物価目標さえ存在しなければ、異次元緩和の９年間、「物価の安定」は概ね達成されていたと言ってもよい。

それでも将来、物価下落を伴う景気後退が起きた時、日銀だけではそれに対応できないという現実は残る。つまり、日銀法の本質的な矛盾は、２％物価目標があるかないかとは無関係であり、経済に強いデフレショックが加わった時に、どのみち顕在化する矛盾である。次のデフレショックに見舞われても、既に中立的な手段が尽きた今の日銀に、責任を持って「物価の安定」を確保することはできない。財政政策以外にデフレを止められる政策はなく、財政政策が「物価の番人」でなければならない。

ならば日銀法を改正すべき、とまで言うかどうかはまた別である。今述べたような矛盾をよく認識したうえで、現在の法律を現実的に解釈するという選択肢もある。例えば、日銀法で言う「物価の安定」とは、インフレの抑制・防止を意味するのであって、デフレへの対応は日銀の責務ではない、という認識を共有することなどである。いずれにせよ、「中立性を求められる中央銀行にデフレを止められる保証はない」という現実は、不都合なことかもしれないが認識しておくべきである。

第5章

重要性を増す財政の役割

〈5―1〉日本の財政は破綻するのか

日本の政府債務残高は大きいが

過去25年近くにわたり、日本の金融政策は様々な形で注目されてきたが、本当にマクロ経済政策を担ってきたのは財政政策であった。金融政策が１９９０年代半ばにほぼ限界に達したという現実は、実際の経済政策においては冷静に認識されていたのだとも言える。

ただし、財政政策が積極的な役割を果たしてきたことにより、国債の発行残高は膨大に積み上がった。よく使われる指標は、政府債務残高の対ＧＤＰ比率である。日本のこの比率は、景気が悪化すると急上昇し、景気が改善しても下がりはしない、というパターンを繰り返しながら、最近は２５０％程度まで上昇している（図５―１）。先進国の中で群を抜く高さであり、２０１０年代に財政危機に見舞われたギリシャよりも高い。日本もいずれ財政危機に陥る、という議論が出てくるのも理解できないことではない。

図5-1　政府債務残高／GDP

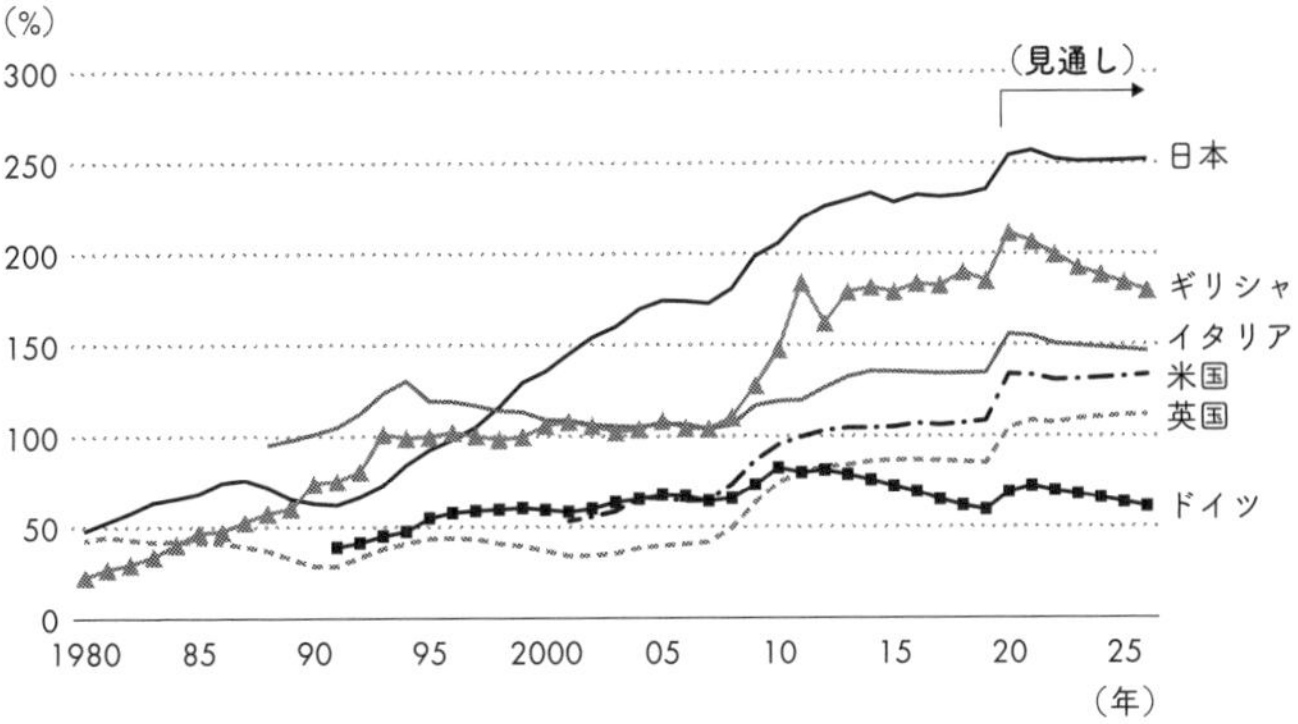

（出所）IMFより筆者作成

しかし、財政危機や財政破綻とは本当は何を意味するのであろうか。そして、日本は財政危機、財政破綻と呼ばれるものに向かっているのであろうか。以下ではこの問題について考えてみたい。

「破綻」を文字通り解釈すれば、国債が償還できなくなること、つまり国債のデフォルトである。しかし、自国の中央銀行が存在し、国債も自国通貨建てで発行されている日本のような国では、中央銀行の意思さえあれば、国債のデフォルトは防ぐことができる。国が新たな国債を発行し、それを中央銀行が買い入れれば、国の資金調達に不自由はない[注1]。国がその資金で以前の国債を償還すれば、デフォルトは回避される。

もちろん、世界を見渡せば新興国や途上国を中心に、国債のデフォルト事例はある。典型的には国債が外貨建ての場合である。政府が中央銀行から無限に資金調達できるのは自国通貨だけなので、外貨建ての債務は外貨準備が足りなくなれば返済できない。また、ユーロ圏に属する国の場合は特殊である。ユーロ圏は19か国が「ユーロ」という共通通貨を用いる経済圏であり、加盟国それぞれの「自国通貨」は存在しない。ユーロ建て国債の買い入れ方針を決めるECBは、19か国の合議体であり、他の中央銀行とは性格が異なる。19か国の利害がある中で、例えばギリシャという特定の国の国債を、ECBが無条件に買い支えることは困難である。国債のデフォルトを防ぐ十分条件は、中央銀行による無制限の国債買い入れであるが、それがユーロ圏では難しいのである。そうしたユーロ圏の特殊事情を考えると、ギリシャで財政危機が起きたから日本も危ない、という単純な比較は誤りである。

デフォルト回避はまともな防衛ラインにあらず

では、日本は日銀が存在するから大丈夫、と言えるのだろうか。確かに、もし日本で国債がデフォルトの危機に瀕《ひん》したら、日銀が「最後の買い手」となることは可能である。しかし、もしインフレが高すぎる状態の時に日銀が国債を買い続け、その資金で政府が財政支出を続ければ、インフレに歯止めがかからなくなってしまう。ひとたび激しいインフレになれば、その後は強力な財政緊縮や金融引き締めが必要になる。インフレから大不況へと経済は大きな振幅を余儀なくされ、国民生活に大きな負担がかかる。

あとから財政緊縮を迫られるということは、その前に行われていた財政政策が持続可能ではなかったということである。このように、財政の持続性や健全性は、国債がデフォルトするかしないかではなく、「経済に大きな振幅をもたらすリスクはないか」という視点で評価されるべきものである。国債のデフォルト回避はまともな国の防衛ラインではない。防衛すべきラインはもっと手前にある。公共サービスの削減など、国民生活に支障が出るほどの財政緊縮を行わざるをえなくなったら、国債が形式的にはデフォルトしていなくても、それは「財政破綻」であり「財政危機」である。

財政拡張を支持する論者が、後述する現代貨幣理論（Modern Monetary Theory, ＭＭＴ）と呼ばれる考え方を援用して、「自国通貨建ての国債はデフォルトしないので、いくらでも国債発行できる」と主張する場合がある。しかし、今述べたことから明らかなとおり、「国

注1　日本では財政法5条により、日銀による直接の国債引き受けは禁止されている。しかし、日銀が市場から無制限に国債を買い入れることにより、事実上同じことができる。

債のデフォルトが回避可能」ということと「国債をいくらでも発行できる」ということとは別である。前者はMMTを持ち出すまでもなく限りなく当たり前のことであり、後者は単純に不適当な主張である。経済の大きな振幅を避けるための財政規律は、国債がデフォルトするかどうかとは関係なく、不可欠のものである。

一方、財政規律を重んじる論者が、「政府債務残高が巨額なままでは財政は破綻する」と主張する場合がある。これも逆方向に振れすぎた考え方である。政府債務残高が巨額であることが、自動的に経済の振幅を大きくすることにつながるわけではない。政府債務残高の現状が、今後の経済に大きな振幅を引き起こす性格のものであるのかどうかについては、そのメカニズムや蓋然《がいぜん》性についての丁寧な評価に基づいて、判断されなければならない。

一般に、経済の振幅を大きくする現象としては、インフレやバブルがある。しかし、それらは政府債務残高が小さくても起こりうる現象であり、政府債務残高が大きいほど起こりやすくなるとは限らない。少なくとも日本の場合は、政府債務残高の増大が加速し始めた1990年代後半ごろから、インフレもバブルも起こらなくなった。

財政の持続性は丁寧な評価が必要

仮に、政府債務残高が大きいこと自体に、経済の振幅を大きくするメカニズムがあるとすれば、それはショックに対する脆弱性である可能性が一番高い。政府債務残高が大きいほど、何らかのショックが起きた時に、経済の落ち込みが大きくなる可能性である。

例えば、何らかの理由で金利が上昇した場合、政府債務残高が大きいほど政府の利払い額が膨らみ、その分、他の財政支出を抑える必要に迫られ、不況が深刻化する可能性がある、という議論がよく聞かれる。あるいは、大きな自然災害が起きた時、政府債務残高が大きいと、災害対応や復旧のための資金調達が制約され、経済の回復が遅れる可能性があるとされる。筆者の知る限り、この「金利上昇」と「自然災害」が、財政の議論でよく出てくる「2大ショック」である。大きな政府債務残高を抱えるとそうしたショックに脆弱になるため、ショック耐性の観点から政府債務残高を抑制しておくことが重要だ、と主張されることが多い。

その主張自体は間違いではないが、そのことだけを言っても仕方がない。ショック耐性のことだけを考えるなら、政府はまったく借金をしないのが一番良い。しかし、政府がまったく借金しなければ、それにより失うものもある。民間に多額の余剰資金がある国で、政府も借金をしなければ、金利上昇など起こりえなくなるという点では盤石の安心を得ることができるが、総需要が停滞し失業が増えるなら人々の安心はかえって奪われる。政府が借金ゼロを目指して防災関連の支出を減らせば、国土そのものが自然災害に対して脆弱になり、これも本末転倒になってしまう。つまり、ここにはトレードオフが存在するのである。

おそらくは、政府債務残高に何らかの意味での最適な規模——あるいは許容可能なレンジ——というものが存在するのだと考えられる。そしてそれは、財政に期待される多面的な役割、その国がその時代に置かれている経済金融構造、さらにはショックの発生確率や対応策の有無など、様々な条件によって変わりうるものなのだと考えられる。

最大の問題は、それを具体的に算出するための分析の枠組みを、われわれは持ち合わせていないという点である。政府債務残高の最適な規模がよくわからないのであれば、「それが大きい国はなるべく減らそう」とざっくり保守的に割り切るのも、ひとつの考え方ではある。しかし、財政破綻のリスクが無視しうるほど小さいのだとしたら、国民の生活や将来世代への投資を支える財政支出を一律に削るのは、それはそれで重大な損失である。

こうしたトレードオフが深刻な日本のような国では、財政破綻のリスクをどう考えるべきかについて、できる限り丁寧に評価するべきだと思う。「自国通貨建ての国債はいくらでも発行できる」という議論は、既に述べたように問題外である。しかし、根拠の乏しいリスクを大げさに警告することにも説得力はない。例えば、「金利が上がったら大変なことになる」と言う場合、それはどのような性格の金利上昇に対して、どう大変だということを言っているのであろうか。実は、しばしばイメージされている金利上昇の多くは、それほど大変なものではない。その点を次節で考えてみたい。

（5-2）金利が上昇する「何らかの理由」とは

政府債務残高が大きいと、何らかの理由で金利が上昇した場合、「政府の利払い増加→財政赤字の拡大→金利のさらなる上昇」というスパイラルが起きて財政破綻に至ると言う。これが財政破綻論者の描く典型的な財政破綻への道である。これに対して、「日本で金利がそんなに上がることはない」という反論はやや雑である。それだと金利が「上がる」「上がらない」の水掛け論で終わってしまう。

金利が本当に上がるかどうかは別として、「もし金利が上がった場合に問題が起きるのか」という問いは、真面目に考えておく価値のある論点である。より具体的には、そもそも金利が上昇する「何らかの理由」とはどんな理由なのか、その理由で起きた金利の上昇は財政悪化と金利上昇のスパイラルをもたらす性格のものなのか、それを止める手段はないのか、などについて考えておく必要がある。

金利が上昇しうる理由は様々だが、理論的に分類すれば、①自然利子率の上昇、②リスクプレミアムの上昇、③インフレ率（ないし期待インフレ率）の上昇、のどれかである。

図5-2　政府の負債と民間の資産

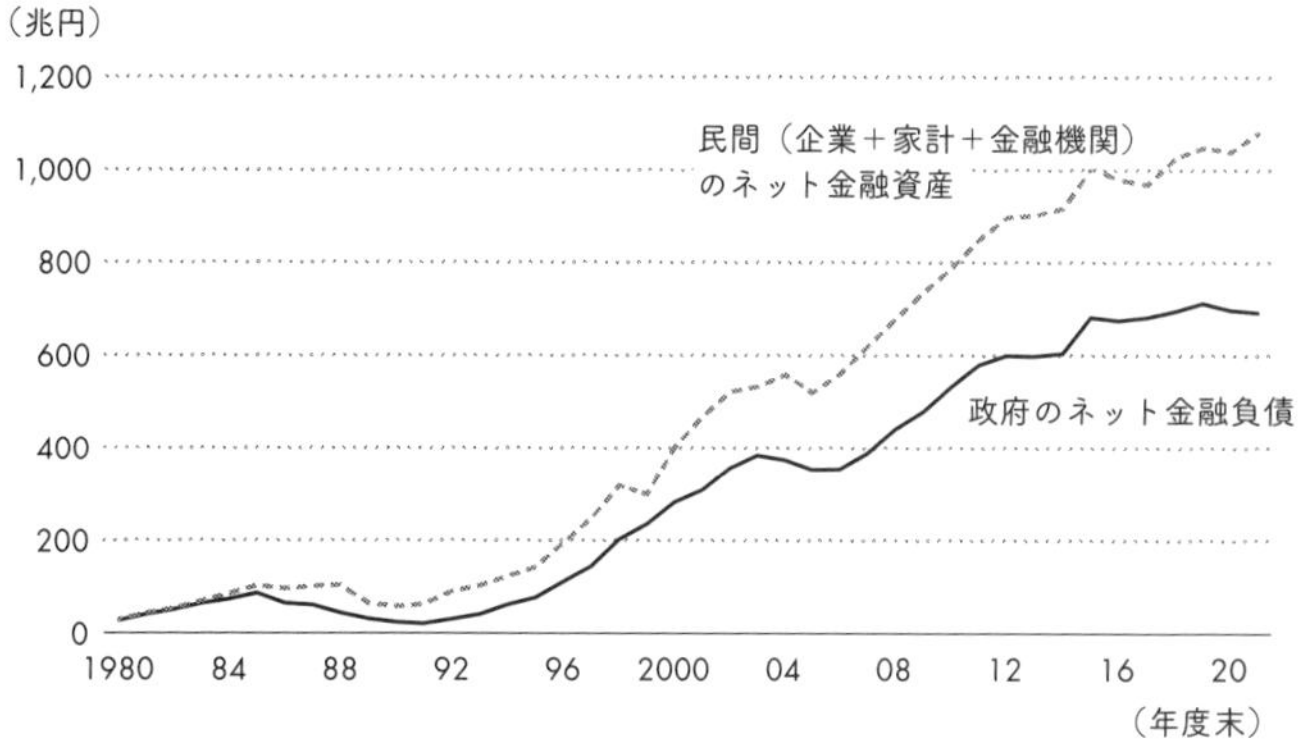

（出所）日銀より筆者作成

潜在成長率の上昇や貯蓄投資バランスの変化は①に、日銀の利上げは③に含まれると整理できる。順番に、それらが財政に大きな問題をもたらすリスクについて考えてみよう。

自然利子率の上昇は問題ない

第一に自然利子率の上昇である。その背後で潜在成長率が上昇している場合は、金利も上昇するが経済成長率も高まり税収が増える。株価もおそらく上昇しており、いわゆる「日本売り」の可能性は低下している。このケースで財政に問題が生じるリスクはゼロと言ってよい。

貯蓄投資バランスの変化を反映して自然利子率が上昇する場合はどうだろ

う。それを考える前に、日本の政府債務残高と民間金融資産の動向を確認しておきたい。両者をそれぞれネットの金融負債、ネットの金融資産で見ると、政府のネット金融負債は一本調子に増加しているが、民間のネット金融資産もそれ以上に増加している（図5−2）。両者の差（これはネット対外資産に相当する）が拡大していることも興味深いが、ここで注目したいのは、政府債務と民間資産が両建てで増えているという点である。両者は基本的に表裏一体の関係にある。

もちろん、この「表裏一体」は事後的な関係であり、因果関係がどちらの方向により強く働いているかは二つの可能性がある。ひとつは、政府が財政赤字を続けるので、民間は仕方なく国債保有を増やしてきた可能性である（投資超過ケース）。もうひとつは、民間が実物投資を控えて資金運用を増やすので、政府は仕方なくその資金を吸い上げて支出し、需要不足を補ってきた可能性である（貯蓄超過ケース）。どちらのケースの蓋然性がより高いのかは、図表5−2そのものからはわからない。しかし、ちょうど90年代半ばごろから金利が低下の一途をたどってきた事実を踏まえれば、起きたことは後者の貯蓄超過ケースであったとみるのが妥当である。

このバランスが投資超過方向へ変わっていけば、金利に上昇圧力がかかる。そういう変化が起きうる理由として、①企業や家計の中長期的な支出マインドが強まり、例えば企業がもっと積極的に借金をするようになる、②さらなる高齢化に伴い消費を支える所得が減り、家計の運用資産が取り崩される、という二つの可能性が考えられる。このうち、①は設備投資や個人消費が恒常的に強まっていくという話なので、潜在成長率の上昇ケースと同じである。金利上昇が財政上の問題を引き起こすことはない。

一方、②の場合は、経済成長率が高まらない（むしろ低下する）中で民間貯蓄が取り崩されていくので、それにより金利が上昇すれば確かに財政の圧迫要因になる。しかし、人口動態に伴う民間貯蓄の減少は、起きるとしても突然起きるわけではなく、何年、あるいは十年以上の時間をかけてゆっくり進む性格のものである。そのゆっくりした変化を見きわめながら、必要に応じて財政構造を修正していく時間は十分ある。政府がよほど無能・無力でない限り、このゆっくりした変化で財政上の問題が収拾できなくなるとは考えにくい。さらに言えば、高齢化がさらに進行した時に貯蓄が取り崩される程度は、意外に限定的かもしれない。かなりの規模の金融資産が、ライフサイクル仮説の想定のようには取り崩されず、貯蓄されたまま遺産として子孫に受け継がれていく可能性も大きいように思う。

リスクプレミアムが上昇したら中央銀行の出番

金利の上昇が起きうる第二の理由は、リスクプレミアムの上昇である。実はこれが、財政破綻に至る金利の上昇として最も一般的に想定されているものである。よく「政府の借金が増え続けると、国への信認が失われて金利が上がる」という言い方がなされる。「信認が失われる」とは、理論的にはリスクプレミアムの上昇のことである。これは市場における認識の変化なので、ある日突然起きてもおかしくはない。突然の変化には政府も打つ手が乏しく、「利払いの増加」→「財政赤字の拡大」→「金利のさらなる上昇」というスパイラルを止められなくなる、という心配に一理あることになる。市場の気まぐれな認識の変化が、自己実現的に財政破綻を引き起こしてしまうというわけだ。

これは、経済学的には複数均衡問題に該当する。「金利が安定を続け財政破綻しない」という良い均衡と、「金利が上昇し財政破綻する」という悪い均衡が存在し、どちらが実現するかは市場の認識次第という問題設定になる。一般に、政府債務残高が大きいほど、市場が悪い認識を抱く確率が高まるとされる。だからこそ、政府債務残高を低水準に維持し、市場が悪い認識を持ちにくい環境を作っておくことが重要だと考えられている。「財政健全化の道筋を示し信認の確保に努める」という考え方のベースには、このようなロジックがある。

しかし、市場に悪い均衡を選ばせないようにする方法はそれだけではない。むしろ一番確実なのは、いざという時には中央銀行が国債を買い支え、市場に冷静な判断を取り戻させることである。市場の誤解や勝手な解釈で金利が無秩序に上昇するような場合こそ、金融市場や金融システムの安定に責任を持つ中央銀行の出番である。つまり、正しく機能する中央銀行が存在する国では、複数均衡問題のうちの「悪い均衡」は基本的に防ぐことができる（防げないケースは後述）。

この複数均衡問題には、政府があらかじめとっておける対応策もある。ひとつは、国債の満期の長期化である。金利上昇により政府の利払いが実際に増えるのは、既存債務の満期が到来し、それを高い金利で借り換えてからである。したがって、満期の長い国債を多く発行しておけば、金利の上昇が直ちに「破綻へのスパイラル」を引き起こすことはなく、時間を買っている間に善後策をとることができる。

もうひとつは、状態依存型の財政緊縮ルールを定めておくことである。日本でよく使われる「○○年度までにプライマリーバランスを黒字化する」という目標年度を定めたルールは、「○○年度」前後の経済情勢によって目標達成の難易度が変わるため、約束の形として信頼性が低い。

その点、例えば「中長期的な名目成長率の上昇を条件にプライマリーバランスを黒字化する」といった形のルールであれば、インフレを無視して財政赤字を続けることはないというコミットメントにもなるうえ、ルールを遵守できる確実性が高まる。消費税率の引き上げなど、具体的な赤字縮小手段もあらかじめセットで決めておくとさらに良い。このように、目標達成の「時期」を決めておく時間依存型のルールよりも、

目標達成を「経済環境」と結び付ける状態依存型のルールの方が、市場の信認を得られやすいと考えられる。注2

いずれにせよ「悪い均衡」の最後の防波堤は、中央銀行による国債の無制限買い入れである。それをやりにくい時があるとすれば、インフレが高い場合、あるいはそのリスクが大きい場合であり、その時は中央銀行にジレンマが生じる。

2%物価目標の達成で財政上の問題が起きることはない

そうすると、金利が上昇する「何らかの理由」として、より対応が難しいのは、第三の理由として挙げた「インフレ」による金利上昇である。もちろん、インフレとはいっても日銀の利上げにつながらない程度のインフレなら、そもそも金利は上がらないわけだから、ここでの議論には関係ない。

また、日銀が利上げする場合でも、2%物価目標が達成されるケースであれば、やはり問題はない。「2%物価目標が達成される」というのは、2%程度のインフレが安定的に続く状態のことであるから、賃金上昇率や名目成長率も安定的に高まっていなければならない。名目成長率の上昇に応じて税収も安定的に増えるので、財政上の問題は起こらない。「2%物価目標が達成されて金融緩和の出口が来たら、金利が上がって財政は大変なことになる」という認識は誤りである。

関連して、2%物価目標が達成された場合の論点として、利上げに伴い日銀に損失が生じる可能性を懸念する声もある。日銀の負債の多くは日銀当座預金であり、利上げとはその金利を上げることなので、日銀の利払いは直ちに増える。一方、日銀の資産の多くは長期国債なので、その満期が到来して高い金利の国債に入れ替わっていくまで、日銀の利息収入は増えない。したがって、日銀がペースの速い利上げを迫られる場合は、日銀の金利収支が複数年にわたって逆ザヤとなる可能性がある。[注3] 日銀の損失は最終的には国の負担となるため、そこだけに焦点を当てれば、確かに財政収支の悪化要因となる。[注4] しかし、これも先ほどの議論と同様で、利上げの背後で安定した2%インフレが実現しているわけだから、それに伴う税収の増加と併せて考えれば問

注2　以上で述べた二つの方策はBlanchard（2019）でも主張されている。ただし、二つ目の状態依存型ルールとしては、金利が上昇したら直ちに財政を緊縮するというルールが例示されている。あらかじめ政府債務残高を引き下げておくという処方箋については、それを多少低下させたからといって複数均衡のリスクはあまり変わらない、と否定的に論じられている。

注3　金利上昇ペース等に関する仮定次第では、日銀の累積損失が数兆～数十兆円のオーダーに達する可能性がある。日銀の自己資本は約11兆円（2021年度末）なので、日銀が債務超過に陥る可能性もある。各種の試算結果は、少し前のものであるが、例えば岩田・左三川（2017）の第6章にまとめられている。

題はない。

このように、２％物価目標の達成に伴う日銀の損失は、仮に出たとしても問題のない性格のものである。それでも実際に日銀に多額の損失が発生すれば、「国や通貨の信認を傷つける」などと危機を煽《あお》る論調が出てくる可能性はある。それに対しては、名目成長率の上昇による税収増について政府や日銀がきちんと説明し、市場や国民の理解を得ればよい。この程度の説明ができないなら、日銀は最初から異次元緩和など行うべきではなかった。

改めて繰り返すと、日銀が目指す形で、すなわち中長期の名目成長率が高まる形でインフレが安定的に２％になるなら、その時に起きる金利の上昇は財政上のリスクとは無縁である。

自然災害に対する供給体制の備えは重要

そこで最後に唯一、財政破綻につながる可能性として残るのは、日銀が目指している形とは異なるインフレ、すなわち景気悪化と物価上昇が併存する場合である。それも、２０２２年の輸入インフレ程度の話なら、利上げには至らないので関係ない。心配すべきは、大幅な利上げを要するほどの本格的なインフレが、経済の落ち込みと併存するケースである。

それがどういう時に起きうるかというと、典型的には新興国・途上国で時々見られる深刻な物資不足である。棚から商品が消え経済は大きく落ち込むが、その供給不足に合わせて需要も抑えないと、インフレが止まらなくなるような場合である。中央銀行は、経済が打撃を受ける中でも、大幅な利上げを行わざるをえなくなる可能性がある。

こうした極限的なケースの金利上昇まで想定すれば、政府債務残高をできるだけ抑制しておくことは理に適っているのかもしれない。しかし、生活必需品の深刻な供給不足が続けば、財政破綻とは関係なく国民生活はどのみち困窮する。政府債務残高を抑制しておくことによって、その困窮の程度をどのくらい「まし」なものにとどめられるのかは微妙である。そういう極限的なケースがそもそも起こらないように、国家を運営すべきである。

新興国・途上国で起きる供給面の悲劇には、政治の混乱、内乱、国際社会からの経

注4　Blanchard（2019）の「国債の満期を長期化すれば金利が上昇しても財政収支に響きにくくなる」という説明は、その長期国債を民間が保有している場合にのみ当てはまる議論である。政府の身内である中央銀行がその長期国債を大量に保有している場合には、金利上昇が財政収支に与える影響を遮断できない。

済制裁など、非経済的な要因が作用する場合が多い。日本の場合、そうした非経済的な要因として考えられるのは、大規模な自然災害である。それが起きた時の生産、輸入、流通へのダメージを、なるべく小さくするよう備えておくことこそ、国家として最も優先すべき課題のひとつである。もともとの財政が健全でも、供給サイドが致命的・持続的な打撃を受ければ、税収の落ち込みによって財政はあっという間に悪化する。逆に、大きなショックに耐えうる強靭さが供給サイドに備わっていれば、深刻な経済収縮やインフレは避けられ、「日本売り」のような市場のパニックも起きないと考えられる。

大きな自然災害の時に本当に問題になるのは、実物的な意味での供給面の脆弱性である。海外投資家の日本に対する信認の低下も、起きるとすればこのルートで起きる可能性が最も高いと考えられる。政府債務残高をあらかじめ抑制しておくことが、自然災害時に役立つ程度はおそらく限られており、打たれ強い供給基盤を整備しておくことの重要性に比べれば、副次的な論点であるように思われる。

(5-3) 政府債務残高は減らすべきなのか

ドーマー条件は意味のある論点?

財政破綻を巡る議論に必ず出てくる公式がある。政府債務残高の対GDP比率が低下するための条件は、「国債金利<名目成長率」であるというものである。[注5] これをドーマー条件と言う。このため、中長期的に見て国債金利と名目成長率のどちらが高いのかが、よく論争の的になる。

財政拡張を支持する者は、近年の実績では「国債金利<名目成長率」なので、財政は破綻しないと主張する。財政規律を重んじる者は、日銀が国債を大量に買い入れている近年は参考にならず、過去を見れば「国債金利>名目成長率」であることの方が

注5　厳密には、「国債金利<名目成長率」で政府債務残高の対GDP比率が低下するのは、当初のプライマリーバランスが均衡している場合である。プライマリーバランスが赤字の場合は、それに相当する分、さらに名目成長率が高くなければ同比率は低下しない。

図5-3　名目成長率と長期金利

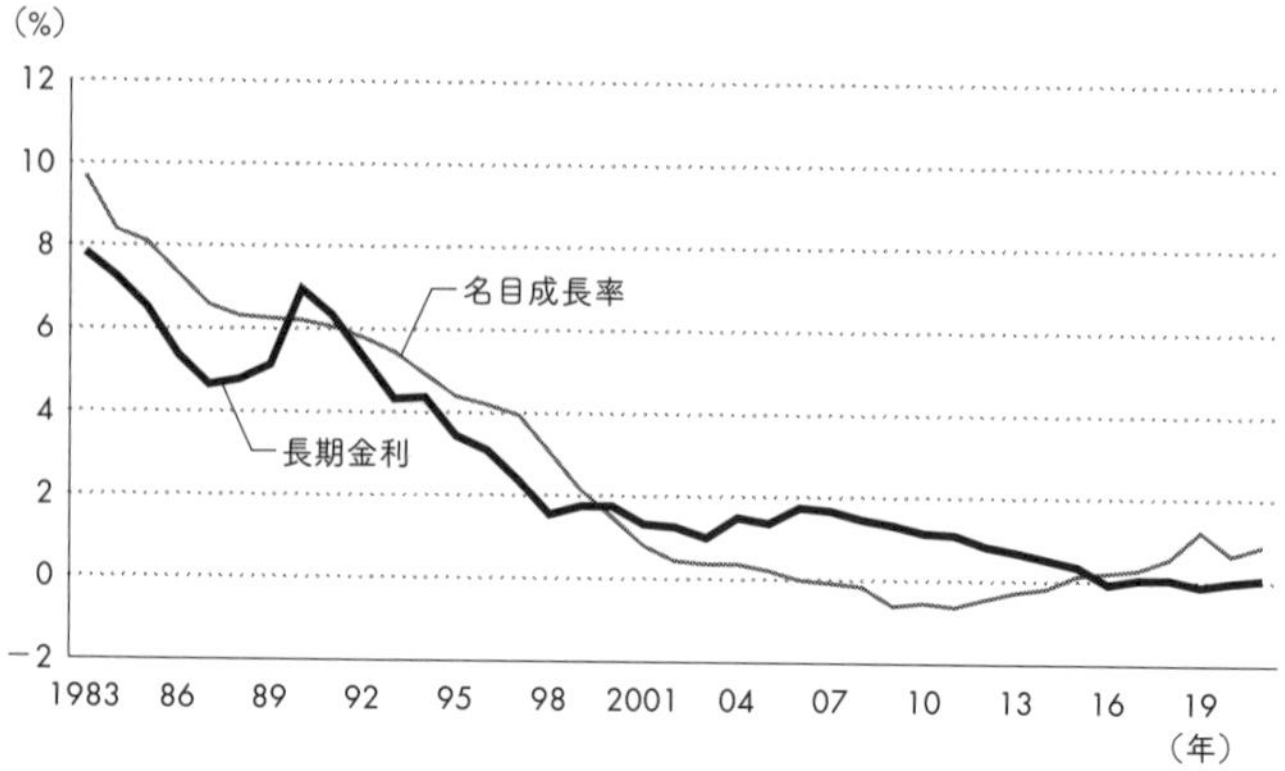

（注）名目成長率は後方10年平均。
（出所）内閣府、セントルイス連銀より筆者作成

多いと主張する。[注6] 筆者はこの議論にあまり意味を感じない。理由を四つ述べる。

第一に、大局的に見れば、国債金利と名目成長率の間に大きな乖離《かいり》が生じることは少ない（図5－3）。したがって、政府債務残高の対GDP比率は、両者の差だけで急上昇することもなければ急低下することもない。両者の差のみに起因する政府債務残高の変動は十分に緩やかであり、必要に応じて対応可能なものである。これは、他の先進国についても言えることである。

第二に、国債金利と名目成長率の大小関係は時期によって異なる。両者の大小関係が当面どちらであれ、それが永遠に続くという前提で「発散する」「発散しない」と色分けするのはあまり現実的な議論の仕方ではない。

第三に、本当に財政破綻が起きる時には、インフレも金利も大幅に高まっている可能性が高い。インフレや金利の絶対水準、あるいは変化のスピードの方が、両者間の相対関係よりもはるかに注意すべき問題である。

第四に、これが決定的に重要な点であるが、「上昇」と「発散」は同じではない。前者には「上昇」という以上の意味はないが、後者には「制御不能」という含意がある。政府債務残高の対ＧＤＰ比率が「上昇」するだけなら、これまでも日本でずっと起きていたことであり、たとえ上昇が永続しても、財政の持続性に問題が生じるとは限らない。

前述のとおり、財政の持続性が損なわれた状態とは、「過大な政府債務が原因で財政緊縮を迫られ、経済の振幅が大きくなるような事態」と捉えるべきである。政府債務の増大は、財政破綻の必要条件ではあっても、十分条件には距離がありすぎて、意味のある基準にならない。日本の政府債務残高の対ＧＤＰ比率は、約30年にわたり大

注6　例えば「令和3年度　年次経済財政報告」（内閣府）の第1章第3節にも、この点に関する分析がある。

きく上昇し続けているが、それが原因で国債市場に問題が起きたことは一度もない。30年間たまたま運が良かったと考えることには無理があり、それには相応の理由があったとみるべきだろう。

「民間金融資産が過大」とは言われていない

主流の経済理論には、政府債務残高は将来いずれかの時点でゼロになるという予算制約式がある。「借りた金は返すべき」という前提からくる縛りである。しかし、「借りた金は返すべき」というのは、あくまで個々の債務契約に当てはまる制約であり、それを次の債務契約で置き換える「借り換え」は可能であるし、その「借り換え」の回数に先験的な制約はない。

さらに、より重要な点だが、経済全体では「資金偏在」の問題がある。この世の現実を見ると、どの経済主体にもお金が不足する時期と余る時期があって、代わる代わる貸し借りを繰り返しているわけではない。「お金があるところには常にある」というのが世の実態である。恒常的に余剰資金を運用したい人々がいるなら、恒常的にその資金を借り入れて活用する人々がいないとむしろ不都合である。

さしあたり外国向けの債権債務を無視すれば、政府の負債と民間の資産が見合う。これは会計上そうなるのであり、先ほどの図5－2で政府負債と民間資産が両建てで増えていたのは偶然ではない。したがって、政府債務残高をいずれゼロにしなければならないということは、民間金融資産をいずれゼロにしなければならないということと同じである。しかし、民間の経済主体には、みずから最適と考えるだけの金融資産を保有し続ける権利がある。政府が民間の金融資産を無理やりゼロにするのはおかしい。民間の金融資産をすべて税金として召し上げれば、たちどころに政府債務残高はゼロになるが、それを「財政の健全化」と言うのだろうか。

このような極端な例を出せば、それが変だということは誰でもわかる。この点、20世紀のある時期までは、多くの主要国で企業の借り入れが旺盛で、家計の資金余剰が企業の資金不足と概ね見合う経済構造になっていた。したがって、資金偏在の問題は民間の内部で概ね解消されており、財政は均衡を保つことがたまたまちょうどよかった。そのような時代には、「借りた金は返すべき」という本来はミクロでしか当てはまらない考え方が、あたかもマクロの政府債務残高にも当てはまるかのように、何となく感じられていただけだったのではないか。理論は、とりあえずその時の現実と矛盾しなければ、その仮定の妥当性を深掘りして問われることは少ない。

ところが時代が変わり、民間だけでは資金余剰を吸収しきれない経済構造に変わっているのだとしたら、その裏側に当たる政府債務残高も、恒久的に相応の規模を維持しなければならない。その適正な規模は、民間の貯蓄・投資行動から影響を受けるが、それをあらかじめ特定の数値で表すことは難しい。

日本では「政府債務残高のGDP比率を引き下げるべき」とよく言われる一方で、それを150%まで引き下げるべきなのか、100%まで引き下げるべきなのか、あるべき着地点についての説得的な分析を、筆者は見たことがない。もし、それがわからないのであれば、今の250%程度が高すぎるのかどうかも、本当はよくわからないはずである。将来300%、400%へと上昇することが問題なのかどうかについても、現時点で言えることはあまりない。

いずれにせよ、政府債務残高が大きすぎると言うためには、民間金融資産が大きすぎると言わなければならない。そう言うとしたら、いかなる基準でそう言うのであろうか。政府債務残高の対GDP比率を引き下げるべきという議論がある一方で、民間金融資産の対GDP比率を引き下げるべきという議論がないのは、本当はおかしなことなのである。

国債は「将来世代の負担」ではない

関連して筆者が違和感を持つのは、「国債は将来世代の負担」というレトリックである。国債は将来世代の負担という考え方は、結局のところ「借金は税金で返さなければならない」「政府債務残高はいずれゼロにしなければならない」という命題の言い換えである。

確かに、将来のある時点で政府債務残高をゼロにしようとすれば、それは民間金融資産を無理やり没収することを意味するので、その世代の民間人に大きな負担を強いることになる。「将来世代の負担だ」と言うのは、将来世代に向かって、「あなた方の代からは金融資産を保有してはいけない」と宣言するような理不尽な物言いである。もちろん、将来いつの時代を生きる人たちにも、みずから適正と考えるだけの金融資産を保有する権利がある。

前述のとおり、日本は政府債務残高も大きいが、民間金融資産も大きい。将来世代に大きな政府債務を残すということは、大きな民間金融資産を残すということでもある。その観察事実にそれ以上の意味はなく、「現在世代が得をし、将来世代が損をする」というような含意はない。

「国債は将来世代の負担」というレトリックを、現実的に解釈して意味を見いだすとすれば、今の財政運営が将来の経済変動を大きくすることはないか、という5－1から述べ続けてきた根本的な論点に尽きる。野放図な財政赤字の拡大が経済に大きな不均衡をもたらし、将来のある局面で激しい財政緊縮を迫られることになれば、その局面で生きる人々の生活は犠牲になる。そういう意味ならこのレトリックも理解できるが、国債の残高そのものが現在世代の罪であるとの印象を与える点で、誤解を招くレトリックである。

（5－4）

「賢い支出」への違和感

財政には広い役割が期待されている

財政の持続性との関連で、もうひとつ必ず出てくる議論がある。財政支出の中身を「賢い支出（wise spending）」にすべきという考え方である。何を「賢い」と考えるかは人それぞれであるが、経済論壇でこの言葉が使われる時、それは「経済成長を高める支出」という意味で使われることが多い。しかも、短期的な需要刺激ではなく、潜在成長率の引き上げが念頭に置かれている。中長期的な供給サイドの強化に資する財政支出が「賢い支出」とされるのである。

一般論として、目的が同じ財政支出の候補が二通りあり、どちらかひとつを選ぶという問題設定であれば、相対的に費用対効果が高い方を選べばよい。その意味での「賢さ」には優劣がつけられる。しかし、中長期的な成長に資する支出は増やしてもよく、それ以外の支出は抑制すべき、という考え方を国家財政に持ち込むことには無理がある。理由を三点述べる。

第一に、潜在成長率を高める財政支出を、事前に見きわめることは難しい。短期的な需要刺激が目的の場合ですら、乗数効果の高い財政支出を特定するのは決して容易ではない。計量モデルや産業連関分析など高度な手法を用いても、得られるのは精々「弱いエビデンス」である。

ましてや、人口、産業構造、技術の変化なども見据えた中長期の成長力強化という話になれば、それを実現する財政支出の中身を決めるのは絶望的に困難である。そもそも第2章で述べたように、どうすれば潜在成長率を高められるのかというより広い問いについてすら、はっきりした答えはない。もちろん、科学技術の振興や人材投資のように、成長力強化との関係をイメージしやすい分野もある。それでも個々の具体的な予算について、潜在成長率への貢献に関する強いエビデンスが得られるケースは少ないだろう。そうした現実を踏まえると、財政支出の可否の判定基準を「賢い支出」に求めることは技術的に困難である。

第二に、財政には、潜在成長率の引き上げとは関係なく果たすべき役割がある。とくに日本のような高齢化社会においては、社会保障関連の多額の財政支出は避けられない。気候変動に対応するためのグリーン関連の財政支出も、それが潜在成長率を高めるかどうかは別にして、それ自体として増強が必要である。

科学技術分野においても、例えば基礎研究への財政支援を、経済成長に資するエビデンスが乏しいという理由だけで抑制すべきではないだろう。ビジネスへの道筋が見える研究なら民間がリスクを取って行うべきであり、民間では取れないリスク、株主には説明できないリスクを引き受けるのが、政府の役割である。納税者の理解を得るうえで重要なのは、そういう支出を政府が行うことに関する意義やビジョンの共有である。

第三に、「賢い支出」をすべきという議論の背後には、「政府債務残高の対GDP比率を低下させるべき」という前提がある。その前提があると、「分子の政府債務を増大させるなら、分母のGDPも増やせる分野にその資金を向けるべき」という話にどうしてもなる。もちろん、経済成長が高まるに越したことはないが、政府債務の抑制を最終目的とし、そのための手段として経済成長を位置づけるのはおかしい。財政の持続性は財政収支や政府債務残高の大きさでは語れない、という点も繰り返し述べてきたとおりである。

「政府消費」は消えてなくなるわけではない

「賢い支出」に関連する論点として、「後世に残る支出のために借金するのはよいが、現在世代が自分たちのために使ってしまう支出は税金で賄うべき」という議論も少なくない。本当にそのようなことが言えるのだろうか。

政府支出は、投資、消費、移転の3つに分類できる。国民経済計算すなわちGDP統計でも、そのように分類されている。投資とは、典型的には公共投資のように資産が残る支出である。消費とは、医療費の政府負担分や公務員給与などであり、今の人々の所得にはなるが国の資産としては残らない。移転とは、典型的には給付金であり、財やサービスなど付加価値の対価ではないので、GDPにそもそも含まれない。

このうち「賢い支出」のイメージで語られるのは投資である。インフラなど長期に使える資産を後世に残すので、それを国債で賄うことには大義名分があるとされる。一方、消費は形としては後に残らないので、それを国債で賄えば借金だけが残るとされる。移転はGDPにカウントすらされないので、最も「賢くない」バラマキというイメージだろう。制度的にも「建設国債」「赤字国債」という区別があるのは、公共投資のための借金は許されるが、経常支出のための借金はすべきでない、という考え方による。

以上の分類にどの程度意味があるだろうか。例えば、公共投資でも「良い資産」が残るとは限らない。2－4で述べたとおり、かつて大盤振る舞いされたインフラ整備の中には、有益性に疑問が残ったものも少なくない。

ただ、これもそこで述べたことだが、「無駄な公共投資」よりも「お金を使わない」方がよかったのかどうかは、注意深い考察を要する。たとえ車が通らない道路でも、それを作った人々の所得が増え関連業界の仕事も増えたのだから、その時の経済にはプラスであった。もちろん、もっと車が通る道路を作った方がよかったに決まっているが、いっさい公共投資が行われなかった場合に比べれば、「政府消費」と同じような経済効果はあったと言える。

おそらくこのケースの論点は、事実上は「政府消費」にすぎない支出を、後世に残る国債で賄ったことの是非である。これも結局、「国債は将来世代の負担」という認識の問題点と関連するのであるが、それをこのケースに即して考えてみよう。

まず、使われない施設を作ったという意味で無駄な公共投資であっても、それを作った人々の所得は増える。それはその人たちの銀行口座に振り込まれるので、その分、民間の金融資産が増える。その人たちがその預金を使って飲食をすれば、その人たちの金融資産は減るが、同額が飲食店の預金口座に移動する。全体で見れば、国債発行で賄った政府支出の分だけ、民間金融資産が増えた状態はずっと維持される。その公共投資が無駄だったというのは、あくまでその内容が有益ではなかったということであって、民間の金融資産が増えたという効果は永続的に残る。

もちろん、「車が走る道路だったら追加的な経済活動を喚起できたはず」という意味で、もっと増やせたかもしれない所得を増やせなかった、ということへの批判はあってよい。しかし、財政支出は「投資」であれ「消費」であれ、支出された分は確実に誰かの所得になり、それがその後どのように使われようとも、必ず誰かの金融資産として存在し続ける。それは、税金という形で取り戻されない限り、いずれは将来世代の資産になる。国債だけが後世に残るわけではない。

「だから財政支出に無駄があってもよい」というのが、ここで言いたいことではない。財政資金は各種の経済社会政策の一環として使われるわけだから、その目的に照らしてなるべく有効かつ公平な中身でなければならない。無駄な公共投資については、社会的に有益でないものを作った人々がなぜ政府に所得を増やしてもらったのか、という公平性の論点こそ実は重要だと思う。

ただ、とりあえずここで言いたいのは、「政府消費を国債で賄っても将来世代の負担になるわけではない」ということである。公平性の論点はあるにせよ、上記の意味での「無駄な支出」を国債で賄うことは、マクロ経済的には問題ではない。

一貫して述べているとおり、マクロ経済的に問題なのは、経済に大きな振幅をもたらすような財政運営である。すなわち、国債発行による支出拡大が、経済を過熱させたり、民間の過大なリスクテイクを誘発するような場合である。その意味では、大きな経済効果がありそうな支出こそ、むしろ気をつけなければならない。政府のプロジェクトに多くの資材や労働力が使われ、民間の経済活動が阻害されることがないかどうかにも、注意が必要である。マクロ経済との関連で言う財政支出の「賢さ」とは、そうした観点から判断されるべきものだと思う。

12兆円は無駄だったのか

2020年、コロナ禍への対応として、国民一人当たり10万円の特別定額給付金が配られた。総額は12兆円を上回った。政府支出の分類で言えばGDPに含まれない「移転」支出である。もちろん、それが個人消費に回ればGDPを増加させるが、実際には大半が貯蓄に回ったようだ。そのことをもって、これは「無駄」なバラマキだったという批判がある。

しかし、これが景気対策でなくコロナ禍で苦しむ人々への所得補塡《ほてん》だったのであれば、そもそも個人消費が増えたかどうかはこの政策の評価基準ではない。もちろん、困窮度の高い人々に絞ってもっと集中的に給付すべきだった、という批判はあってよい。一律で配る以外に迅速な給付の方法がなかったのは残念であり、目的に応じた適切な各種給付を可能とする行政インフラを、早急に整えることが望ましい。

ただ、この12兆円が国債発行で賄われたことは、資源配分を著しくゆがめたわけでも将来世代の負担を増やしたわけでもない。先ほどの「無駄な公共投資」の場合と同様、配られた12兆円は家計の預金になった。そのうち消費に回った分は、どこかの小売店や飲食店の預金に振り替わり、民間の金融資産は12兆円増えたまま保たれている。

12兆円をもとに現在世代がいくら消費をしても、その分、将来世代が消費できる財やサービスが減るわけではない。12兆円増えたままの金融資産を、将来世代はいずれ受け取ることになる（途中で増税がない限り）。

実際には起きなかったことで、可能性として起こりえた最大の問題は、12兆円もの給付金が消費を喚起しすぎてインフレを引き起こしてしまうことであった。この点、米国では巨額の家計向け給付が一因となって、近年にない高インフレになった。インフレが起きたということは、供給不足の財を取り合う需要まで喚起してしまったということなので、米国の財政支出の場合こそ、物価を上げただけで無駄になってしまった部分がある。日本で配られた給付金は、人々の貯蓄を増やして安心感を高めた一方、インフレを引き起こすことはなかったのだから、公平性などを巡り反省すべき点はあったとしても、無駄と言うのは少し違うのではないか。

（5－5）

ＭＭＴに欠けている視点

政府債務残高を巡る認識はむしろ正しい

現代貨幣理論（Modern Monetary Theory, ＭＭＴ）という経済思想がある。簡単に言えば、自国通貨建ての国債はデフォルトしないので、そこは気にせず財政の機能を十分活用すべきという考え方である。その根底には、国債は「借金」よりも「貨幣」に近い、という世界観がある。筆者はその全貌に精通しているわけではないし、識者の解説等によれば、その全貌は把握し難いもののようだ。[注7]

ここでは、「国債はどこまで発行可能か」というよく注目される点に絞って、ＭＭＴの含意を考えてみたい。ＭＭＴでは、政府債務残高はそれ自体として国債発行の制約

注7　ＭＭＴ論者の代表的な著作としてはWray（2015), Kelton（2020), 解説書として中野（２０１９）などがある。中立的な立場からの簡潔な論考としては早川（２０２２)、湯本（２０２１）がわかりやすい。

にはならない、という点を重視する。これは5－1以降、筆者が繰り返してきたことと同じである。少なくともこの点では、「政府債務残高はいずれゼロにしなければならない」という主流派モデルの前提よりも、ＭＭＴの方に筆者は共感を覚える。

「日本はＭＭＴを実践してきた」と言われると、日本の当局や識者は目の色を変えて反論する。もちろん、日本でＭＭＴを基に経済政策を立案してきたという事実はないし、反論すべき点は反論すべきである。しかし、過去30年、政府債務残高の対ＧＤＰ比率が一本調子に上昇する中で、日本国債の投げ売りが一度も起こらなかったという事実は、主流派の考え方よりＭＭＴとの親和性が高い。

インフレが制約という考え方も悪くはない

ＭＭＴを援用して積極財政を主張する論者（ＭＭＴ派）は、国債発行の限界を画すのはインフレであると考える。確かに、経済の供給力を超えて総需要を増やすことはできず、それを無理にやろうとする時に起きる現象がインフレである。この点も、適切な政府債務残高の規模を、財・サービスのマクロ的な需給と関連づけて考えている点において、主流派よりは筋が良い。

ＭＭＴ派に対する典型的な批判は、「いざという時にすぐ増税できるわけではないので、インフレになったら国債発行をやめればよいという考えは現実的でない」というものである。ＭＭＴ派は実務的な制約や政治的な力学を考慮していない点で、現実から遊離した空想論者だというわけである。

しかし、この反論はやや言いすぎだと筆者は思う。第一に、インフレになってから慌てて舵を切るのではなく、経済や物価の見通しをベースに政策を調整することは、その気になれば財政政策においても可能である。第二に、すべてを裁量的な政策に委ねるのではなく、あらかじめ強い自動安定化装置を埋め込むなどの工夫の余地はある。第三に、これが最も重要な点であるが、たとえ財政政策が機動的に対応できなくても、その点も考慮したうえでインフレを防ぐことこそ、金融政策の責務である。財政政策の影響も織り込んだ物価見通しに基づきながら、経済の振幅を大きくしないよう緩やかにブレーキをかけていくことは、中央銀行がその専門性、機動性、独立性を最も発揮しうる仕事である。

ＭＭＴ派はインフレ以外の問題を十分考慮していない

それでもＭＭＴ派には問題がある。とくに筆者が問題だと思うのは、財政赤字を抑制すべき理由として、インフレ以外の問題が起きる可能性を考慮していない点である。経済の振幅を大きくする要因はインフレだけではない。１９８０年代末における日本のバブルは低インフレの中で膨張し、その崩壊はその後の日本経済に深刻な打撃を与えた。同様に、２００８年のリーマンショックに至る米国の住宅・金融バブルも、インフレが総じて落ち着いている環境で蓄積された。２０００年前後の米国ＩＴバブルとその崩壊も、インフレとは無縁であった。近年の先進国における経済の大きな振幅は、インフレではなく「金融的な不均衡」によって引き起こされることの方が多い。

政府債務残高の急速な上昇や、その裏側で拡大する財政支出の中身次第では、それらが原因で何らかの不均衡が経済に蓄積される可能性は否定できない。ＭＭＴ派はそのことをあまり意識していないように見える。実は主流派もそのことを強く意識しているわけではないのだが、「国の借金は返すべき」という「誤った自制心」が、結果的に財政膨張に伴う様々なリスクを抑える力になっている。ＭＭＴ派のように堂々と「インフレ以外に財政赤字を制約するものはない」と言い切ってしまうと、それ以外の未知の不均衡や諸問題に対して、無防備な状態に陥ってしまう。

一方で、「国の借金は返すべき」という誤った財政規律は、その国の経済が置かれている状況等によっては、過度に保守的なものになってしまう。それはそれで、軽減できるはずの社会課題を放置するコストや、経済成長の可能性をゆっくり奪っていくリスクを伴う。少なくともコロナ前は、財政赤字の慢性的な「不足」が先進国の長期停滞の一因、という議論が世界的にも一定の広まりを見せていた。

経済実態に合わない考え方には、それが最終的に説得性を持たず、有効な政策指針として根付きにくいという問題もある。日本では長年「プライマリーバランスの黒字化を目指すべき」とされてきた。実際には、それが達成されなかったことによる問題は起きていないし、したがって達成を後押しする世論も強まっていない。「達成できないし未達成が問題にもならない」という状況は、2%物価目標とよく似ている。目標が実態に合っていないと、それが意味のある目標だとは誰も思わなくなっていく。

MMT派の財政拡張論は、「スピード制限はないが危なくなったら徐行せよ」というようなものであり、気をつけるべき危険の可能性としてインフレぐらいにしか注意が払われていない。一方、主流派の財政規律論は、時速50キロで走れる道に時速30キロの速度制限をかけるようなものであり、ルールへの納得感が乏しい。

ルールが緩すぎるのは困るが、実態に合わないルールも困る。大きな経済振幅を引き起こさないための財政規律は不可欠であるが、同時にその範囲内で、財政の潜在力を活用する知恵も求められる。最適な解に近づけるには、どのような条件が満たされる必要があるのだろうか。難しい論点であるが、構造的な低成長・資金余剰時代を生きる日本人は、この最適解を求める努力をあっさり諦めてはならないように思う。「日本の財政は破綻する」という極論と、「インフレになるまで国債を発行すべき」という極論で空中戦を続けても、良い知恵が生まれてこないことだけは確かである。

（5—6）

真の財政規律に向けて

不都合なトレードオフ

今後多くの先進国、とりわけ日本においては、財政の役割はますます重要になる。①マクロ安定化政策、②成長戦略、③経済・社会課題への対応、のすべての面においてそうである。

まず、マクロ安定化政策については、日本で2％物価目標が達成される可能性は低く、概ね現在と同程度の超低金利が長期的に続くと予想される。次の景気後退やデフレへの対応に金融政策はほぼ無力であり、財政政策で対応するしかない。成長戦略の面でも、科学技術の振興、人材投資など、財政支援を必要とする分野が多い。経済・社会課題への対応の面では、気候変動関連に多額の資金を要するほか、インフラの維持、災害に強い国づくりもきわめて重要である。セーフティネット、教育・保育・介護への財政支援は、それ自体が国民の厚生に資するだけでなく、規制改革や労働市場改革を推進する環境づくりという点でも不可欠である。

気候変動や自然災害に対し日本を脆弱なままにしておけば、本当の意味で将来世代の負担を高めてしまう。教育や科学技術で立ち遅れれば、人的資本の形成力が弱くなり、将来世代から成長のフロンティアを奪うことになる。「国債は将来世代の負担」という正しくない発想のゆえに、将来世代に本当の負担を強いることになる本末転倒は、できれば避けたいものである。

将来世代への影響も含めた持続可能な財政のあり方は、以上述べたことを踏まえたものであることが望ましい。政府債務残高を着実に減らすべきという考え方には、「借りた金は返すべき」という個々の債務契約の論理を、そのままマクロの貯蓄投資バランスに誤用しているという問題がある。さりとて、それに代わる財政運営の基本原理を、MMT的なアプローチに求めるのも無防備である。

把握しにくいリスクには保守的な財政規律で対応するのが筋ではあるが、それに縛られ財政が果たしうる潜在力を放棄するのも大きな損失である。このトレードオフがあまりに不都合なので、「賢い支出」に解を求めたくなるが、それでは理想論への逃げ込みになってしまう。筆者にも良い答えはないが、低成長・資金余剰時代の財政運営について、より良い解に近づける可能性が高いと考えられるポイントを三つ示しておきたい。

マクロ経済分析の充実

第一に、財政運営に関連するマクロ経済分析の充実と、その透明性の強化である。繰り返し述べてきたように、財政運営が遵守しなければならない大原則は、経済に大きな振幅をもたらす原因を作らないことである。それが真の意味での財政の持続性であって、財政赤字や政府債務残高の大きさなどから機械的に判断できるものではない。マクロ経済の短期および中長期の展望と、それに対するリスクの評価を抜きに、財政の持続性を評価することはできない。

当面の財政運営がインフレやクラウディングアウト（民間資金調達の阻害）を招くことはないのか、重点政策分野への積極的な財政支出が企業や金融機関の過大なリスクテイクを誘発することはないのか、政府支出の肥大化が市場経済の本来の機能を損なうことはないのか、などが綿密に分析されることが望ましい。

こうした分析の機能を政府内に持つにせよ、それを独立的な機関が担うにせよ、分析結果は適切な頻度で公開され、国会の予算審議など国民的な議論に役立つものであることが望ましい。

日銀が財政関連の分析を充実させることもひとつの選択肢かもしれない。日銀は四半期に一度、展望レポートで経済金融情勢を包括的に分析している。ほかにもスタッフレベルでは、マクロ経済関連の調査・研究を数多く公表しており、分析の質も高い。

残念ながら日本の金融政策は、おそらく今後も構造的に、無力に近い状態に置かれ続ける可能性が高い。マクロ経済分析の知見を活用しなければならないのは、金融政策よりむしろ財政政策においてである。

財政運営が一因となって望ましくない物価変動や金融の不安定が生じるリスクは、国債を大量に購入している日銀自身にとっても、本当は踏み込んだ分析や説明が求められる論点である。そういう問題意識に基づく財政運営の評価は、今の展望レポートにはない。日銀の分析をベースに政府と日銀がマクロ経済に関する認識を共有し、それを適切な財政運営に反映させていくという枠組みの構築も一案である。

負担・給付に関する行政インフラの整備

第二に、所得の正確かつ迅速な把握など、負担と給付に関連する行政インフラの整備である。必要な時に機動的な消費税率の引き上げなどが困難である限り、保守的な財政規律の方向にバイアスをかけざるをえないという面がある。ブレーキが利きにくい車が走るという前提なら、50キロで走れる道に30キロの速度制限を課すこともやむをえない。財政が果たしうる役割を最大限に発揮させるには、ブレーキの性能を良くしておくことも重要である。

消費税は消費額に応じて払う税なので、フローの所得は少ないが資産でゆとりある暮らしをしている人たちも、応分の負担をすることになる。資産課税の実務的な難しさを考えると、増税が必要と判断される局面では、消費税は積極的に使っていきたい主要な税目である。しかし、所得に対する逆進性（低所得層ほど所得に占める消費の割合が高いことから生じる不公平）という難点はやはり重い。

それに対しては、給付付き税額控除など、給付面の措置とセットで公平性を高めるという考え方が、理屈の上では最も筋が良いように思う。問題は、給付対象者の特定などを巡る実務的な障害が大きいことだとされる。だとすれば、その問題をクリアしない限り、必要な時に消費税率の引き上げが可能な環境はつくれない。

消費税率引き上げのためでなくても、負担と給付に関する公平性や効率性を高めることは、重要かつ喫緊の課題である。低成長でパイが増えにくい経済では、なおのことそうである。コロナ禍への対応では、持続化給付金など各種の支援策において、手続きのわかりにくさや受給者間の不公平が問題になった。もちろん完全な公平性というものはないし、給付付き税額控除の導入だけで消費税率引き上げの困難がなくなるわけではない。それでも、行政インフラが未整備であるがゆえに、とりうる政策の選択肢がせばめられている現状は、改善の余地がある。

2%インフレは経済の「正常値」なのか

第三に、循環的な意味での経済の「正常値」について、議論を深めるべきである。日本人は日本経済について、みずから「失われた30年」などと自嘲的に語る傾向がある。しかし、2－2で述べたとおり、近年の日本の生産性上昇率は他の先進国とほとんど変わらない。日本は慢性的な不況に陥っているわけではない。人口の減少・高齢化という特別な逆風を除けば、日本は普通の先進国である。

さらに重要な点だが、長期トレンドの中にも好不況の循環変動がある。循環的不況への対応という意味での財政金融政策は、低成長経済においても必要な局面とそうでない局面がある。それを正しく判断するには、経済の正常値を正しく認識しなければならない。

常識的には、経済が完全雇用ならその経済は正常値にあり、したがって財政金融政策は景気に対して中立でよい。例えば、アベノミクス景気末期の２０１７～18年頃、失業率は四半世紀ぶりの低さまで低下し、有効求人倍率はバブル期を超えていた。多くの企業が人手不足で悲鳴を上げていた。あれは完全雇用ではなかったのだろうか。

必ずしもそうではなかったという見方があるのは、賃金の上昇が限定的で、インフレの兆しがなかったからである。この点で気になるのは、やはり2%物価目標である。政府は２００９年に「デフレ宣言」を出したきり、今なお「デフレ脱却宣言」を出していない。これまでの経緯から見て、2%物価目標が達成されない限り、政府はデフレ脱却宣言を出さない可能性が高い（門間（2021））。

政府が「デフレからの脱却を目指す」という立場をとり続けることは、日本経済がなお正常値未満の状態にあるという認識を、政府が公式見解として示し続けるということである。経済が正常値未満の状態にあるなら、もっと財政を拡張して景気を浮揚させよ、という主張に正当性があることになる。その正常値の基準が、持続的な2%インフレで本当に良いのだろうか。

羅針盤は取り戻せるか

今の財政金融政策の理論的な基盤は、経済成長率が相応に高く、金利が上下に動ける高さにあった時代に確立されたものである。その時代には、企業にも旺盛な資金需要があり、財政は均衡しているぐらいがマクロ的にもちょうどよかった。常にそれなりのインフレ圧力があり、それを低く「抑える」ことが金融政策の重要な役割であった。今の時代、どの先進国も、これらのうちいくつかの条件は満たしておらず、日本はひとつも満たしていない。今あるマクロ経済学の教科書には、今の財政金融政策に役立つ羅針盤は乏しい。

低成長、資金余剰、ゼロ金利が常態化した国で、「金融政策の正常化」「中立的な財政政策」「経済の正常値」はそれぞれどう定義され直すべきなのだろうか。今はそれらの説得的な定義が存在しない。その当然の帰結として、「金融政策の出口」「財政健全化」などという言葉はあっても、その本当の意味や必要性の度合いについては、様々な論者がそれぞれのイメージで語るだけである。

せめて手始めに、2%物価目標の是非だけでも改めて問い直してみたらどうだろうか。先ほども述べたように、「安定的な2%インフレが正常な状態」という考え方は、金融政策だけでなく財政政策を含む経済政策全体に影響を与える。2%物価目標が「正常値」の基準として正しくないとしたら、その存在自体が経済政策全体をゆがめる。

その意味で、2%物価目標を今後どうするかは、日銀任せにしておいてよい問題ではない。2%物価目標は、もともと政府と日銀が理解を共有しながら導入された経緯がある。それは単に金融政策上の技術的な指針ではなく、経済政策全般のあり方に関わる座標軸である。導入当初は一定の意義があったとしても、それを今後も持ち続けることの功罪については、国民的な議論が必要である。

おわりに

ディテールにも意味を込めて書き進めてきたつもりなので、全体を短く要約しようとすると、ありきたりの内容か舌足らずの書き方になってしまう。あえてそのリスクを承知で、本書で伝えたかった主な内容をまとめておく。

第一に、経済成長の面で日本は他の先進国に劣後していて、その分「伸びしろ」が大きい、という認識は疑わしい。「失われた30年」と自嘲するほど、日本経済だけが特別にダメだったわけではない。人口の減少・高齢化という要因を除けば、経済成長において日本は普通の先進国である。

第二に、それでも構造改革や成長戦略には、粘り強く取り組む必要がある。さもなければ、日本の潜在成長率はさらに低下する。企業の新陳代謝や労働移動の活性化は重要な改革要素だと考えられるが、それにはセーフティネットや人材投資の増強が不可欠である。企業がグローバルな競争環境に置かれている以上、賃金コストの抑制圧力はそう簡単には変わらない。それを跳ね返して内需中心の好循環を導くには、市場メカニズムだけでは成長しきれない分野を、政策的にどう補強するかが鍵になる。そうした分野として、科学技術の振興、脱炭素化の促進、自然災害への備え、介護・保育・教育の充実などがある。

第三に、その一方で、いかなる成長戦略にも成功の保証がないことは、冷静に覚悟しておく必要もある。経済成長を高める確実な方法がわかっていない以上、それは仕方がないことである。前段に列挙した分野への政策支援も、「将来世代も含めた国民にとってそれら自体の優先度が高い」という社会的合意を、推進の根拠にすべきであろう。そこから生まれる新たな需要や技術が経済成長につながるかどうかは、市場の化学反応にある程度任せるしかない。確実な成長戦略がない以上、例えば医療・年金制度などの課題も、経済成長で解決しようと考えない方がよい。社会保障制度は、低成長でも機能するセーフティネットであることが求められ、それにはおそらく再分配の要素を強化する必要がある。

第四に、「金融緩和の不足が日本経済の問題ではない」と認識できる状態を作り出したことは、異次元緩和の重要な功績であった。2%物価目標が現実的ではないことも明らかになった。異次元緩和におそらく「出口」はないが、イールドカーブ・コントロールなど副作用が無視できない政策手段は、折を見て撤廃するのがよい。また、「安定的な2%インフレが日本経済の正常値」という考え方をとると、金融政策だけでなく財政政策を含む経済政策全体がゆがむおそれがある。この点は日銀任せではなく、国民的な議論が必要である。

第五に、低成長・資金余剰経済における「財政の持続性」について、議論を深める必要がある。将来起こりうる景気後退やデフレには、財政政策で対応するしかない。成長戦略や社会課題解決との関連においても、財政にしか果たせない役割がある。プライマリーバランスの黒字化を絶対視するのではなく、持続的にその潜在力を活かせる財政運営の最適解を、困難ではあるが模索することが望ましい。

改めて感じることであるが、より高い成長とそれなりのインフレ、民間の旺盛な資金需要が当たり前であった時代の経済思想では、現代の経済政策について語れることはほとんどない。この矛盾に対し、経済の方を昔の経済思想が通用する世界に戻すべき、というのが今の経済論壇における基本アプローチであるように見える。「成長戦略で潜在成長率を高めよ」「2％物価目標を達成せよ」というのはそういうことである。

確かに、潜在成長率が高まれば、民間の資金需要が増え、財政収支も改善し、自然利子率も高まって、昔の教科書の世界に近づく。社会保障の持続性などを巡る問題も軽減されるほか、何より教科書を書き換える手間がいらない。

そういう可能性の追求を諦めるべきでないとは思うが、これまでの30年間も無為無策でやり過ごしてきたわけではない。30年間の努力の結果として今の日本があるのだから、これからの30年間で昔の教科書の世界に戻れるという希望は持ちすぎない方がよい。むしろ、低成長・資金余剰の常態化を前提として、経済政策論を書き換えていく必要があるのではないか。それが本書の結論である。

人なら誰でもそうであるが、それまでの人生と無関係に物事を感じたり考えたりすることは難しい。本書にも、筆者がこれまでの職業人生で学んできたこと、経験してきたことが、具体的にここと言えるわけではないが、反映されているのだと思う。

２０１６年まで35年勤務した日本銀行の関係者の方々に、改めて深く感謝したい。また、現在所属しているみずほリサーチ＆テクノロジーズの方々には、日ごろ議論の場を提供していただいていることや、何より本書執筆の機会を与えていただいたことに、心より感謝したい。もちろん、本書の内容はすべて筆者個人の見解であり、筆者が所属する、あるいはかつて所属した組織とは関係のないものである。

主要参考文献

・アトキンソン、デービッド（２０１９）『国運の分岐点　中小企業改革で再び輝くか、中国の属国になるか』講談社＋α新書
――（２０２０）『日本企業の勝算　人口減少時代の最強経営』東洋経済新報社
・雨宮正佳（２０１８）「最近の金融経済情勢と金融政策運営」京都府金融経済懇談会における挨拶、２０１８年８月２日
・一上響・宇野洋輔・奥田達志・笛木琢治・前橋昂平（２０１９）「近年のインフレ動学を巡る論点：日本の経験」日本銀行ワーキングペーパーシリーズ、２０１９年６月
・岩井克人（２０１４）「トマ・ピケティ『21世紀の資本』が指摘したこと」東洋経済オンライン２０１４年12月19日
・岩崎雄斗・須藤直・西崎健司・藤原茂章・武藤一郎（２０１６）「わが国における自然利子率の動向」日銀レビュー、２０１６年10月。
・岩田一政・左三川郁子（２０１８年）『金融正常化へのジレンマ』日本経済新聞出版社
・岩村充（２０２０）『国家・企業・通貨　グローバリズムの不都合な未来』新潮選書
・岡崎陽介・須藤直（２０１８）「わが国の自然利子率　―ＤＳＧＥモデルに基づく水準の計測と決定要因の識別―」日本銀行ワーキングペーパーシリーズ、２０１８年６月
・大守隆編（２０２１）『日本経済読本［第22版］』東洋経済新報社。
・小川一夫（２０２０）『日本経済の長期停滞　実証分析が明らかにするメカニズム』日本経済新聞出版
・翁邦雄（２０１３）『金融政策のフロンティア　国際的潮流と非伝統的政策』日本評論社
――（２０２２）『人の心に働きかける経済政策』岩波新書。
・小田信之・村永淳「自然利子率について：理論整理と計測」日本銀行ワーキングペーパーシリーズ、２００３年10月
・山岡浩巳・加藤出・長内智（２０２０）「第1章　スウェーデン　世界最先端のキャッシュレス社会」中曽宏監修『デジタル化する世界と金融』金融財政事情研究会

・亀田啓悟（２０１０）「日本における非ケインズ効果の発生可能性」内閣府経済社会総合研究所企画・監修、井堀利宏編『バブル／デフレ期の日本経済と経済政策５　財政政策と社会保障』、慶應義塾大学出版会
・軽部謙介（２０１８）『官僚たちのアベノミクス　―異形の経済政策はいかに作られたか―』岩波新書
・川本卓司・尾崎達哉・加藤直也・前橋昂平（２０１７）「需給ギャップと潜在成長率の見直しについて」BOJ Reports & Research Papers、２０１７年４月。
・鯨岡仁（２０１７）『日銀と政治　暗闘の20年史』朝日新聞出版
・黒田東彦（２０１５）「日本銀行金融研究所主催２０１５年国際コンファランスにおける開会挨拶の邦訳」、２０１５年６月４日
――（２０１６）「金融緩和政策の「総括的な検証」―考え方とアプローチ―」きさらぎ会における講演、２０１６年９月５日
・玄田有史編（２０１７）『人手不足なのになぜ賃金が上がらないのか』慶應義塾大学出版会
・小峰隆夫（２０１９）『平成の経済』日本経済新聞出版社
・酒井正（２０２０）『日本のセーフティーネット格差　労働市場の変容と社会保険』慶應義塾大学出版会
・白川方明（２０１８）『中央銀行　セントラルバンカーの経験した39年』東洋経済新報社
・関根敏隆・小林慶一郎・才田友美（２００３）「いわゆる『追い貸し』について」金融研究、第22巻第１号、日本銀行金融研究所、２００３年３月
・滝澤美帆（２０１６）「日米産業別労働生産性水準比較」生産性レポートＶｏｌ・２、日本生産性本部、２０１６年12月
・鶴光太郎・前田佐恵子・村田啓子（２０１９）『日本経済のマクロ分析　低温経済のパズルを解く』日本経済新聞出版社
・中曽宏（２０１６）「金融緩和政策の『総括的な検証』に向けて」在日米国商工会議所主催講演会における講演の邦訳、２０１６年９月８日
・中野剛志（２０１９）『目からウロコが落ちる　奇跡の経済教室【基礎知識編】』ＫＫベストセラーズ
・中村純一・福田慎一（２００８）「いわゆる『ゾンビ企業』はいかにして健全化したのか」経済経営研究Ｖｏｌ・28Ｎｏ・１、日本政策投資銀行設備投資研究所、２００８年３月
・西野智彦（２０２０）『ドキュメント　日銀漂流　試練と苦悩の四半世紀』岩波書店

・西村博之（２０２１）「飼いならせるか『インフレ期待』という怪物」Global Economics Trends、日本経済新聞電子版２０２１年12月5日
・日本銀行（２０１３）「『物価の安定』についての考え方に関する付属資料」２０１３年1月
――（２０１６）「『量的・質的金融緩和』導入以降の経済・物価動向と政策効果についての総括的な検証」２０１６年9月
――（２０１９）金融システムレポート、２０１９年4月
――（２０２１）「より効果的で持続的な金融緩和を実施していくための点検」２０２１年3月
・濱口桂一郎（２０２１）『ジョブ型雇用社会とは何か――正社員体制の矛盾と転機』岩波新書
・早川英男（２０１６）『金融政策の「誤解」〝壮大な実験〟の成果と限界』慶應義塾大学出版会
――（２０２２）「近年の積極財政論について：ＭＭＴ派と主流派の異同」東京財団政策研究所ウェブサイト２０２２年6月6日
https://www.tkfd.or.jp/research/detail.php?id=4002
・深尾京司・池内健太・滝澤美帆（２０１８）「質を調整した日米サービス産業の労働生産性水準比較」生産性レポートＶｏｌ・６、日本生産性本部、２０１８年1月
・福田慎一（２０１８）『21世紀の長期停滞論　日本の「実感なき景気回復」を探る』平凡社新書
・森川正之（２０１８）『生産性　誤解と真実』日本経済新聞出版社
・諸富徹（２０２０）『グローバル・タックス　―国境を超える課税権力』岩波新書
・門間一夫（２０２１）「終わったデフレの脱却を目指す？～難しい日本語に決別を～」みずほリサーチ&テクノロジーズウェブサイト２０２１年10月19日
https://www.mizuho-ir.co.jp/publication/column/research/executive/pdf/km_c211019.pdf
・山田久（２０２０）『賃上げ立国論』日本経済新聞出版社
・湯本雅士（２０２１）「ＭＭＴをどう考えるか」月刊資本市場、２０２１年9月
・吉川洋（２０２０）『マクロ経済学の再構築　ケインズとシュンペーター』岩波書店

- Arntz, M., T. Gregory and U. Zierahn (2016), "The Risk of Automation for Jobs in OECD Countries: A Comparative Analysis" OECD Social, Employment and Migration Working Papers, No. 189, OECD Publishing, 2016.
- Autor, David, David Dorn, Lawrence F Katz, Christina Patterson and John Van Reenen (2020), "The Fall of the Labor Share and the Rise of Superstar Firms" The Quarterly Journal of Economics, Volume 135, Issue 2, pp645–709, May 2020.
- Blanchard, Olivier (2019) "Public Debt: Fiscal and Welfare Costs in a Time of Low Interest Rates" Policy Brief, Peterson Institute for International Economics, February 2019.
- Blanchard, Olivier, Giovanni Dell'Ariccia, and Paolo Mauro (2010) "Rethinking Macroeconomic Policy" IMF Staff Position Note, February 2010.
- Borio, Claudio (2017), "Through the looking glass" OMFIF City Lecture, September 22, 2017.
- Borio, Claudio, Magdalena Erdem, Andrew Filardo and Boris Hofmann (2015) "The costs of deflations: a historical perspective" BIS Quarterly Review, March 2015.
- Brunnermeier, Markus K. and Yann Koby (2019), "The Reversal Interest Rate" Working Paper, Princeton University.
- Byrne, David M, John G. Fernald, and Marshall B. Reinsdorf (2016), "Does the United States have a Productivity Slowdown or a Measurement Problem?" Federal Reserve Bank of San Francisco Working Paper 2016-03.
- Brynjolfsson, Erik and Andrew McAfee (2014), *The Second Machine Age: Work, Progress, and Prosperity in a Time of Brilliant Technologies,* Norton & Company, 2014（村井章子訳『ザ・セカンド・マシン・エイジ』日経ＢＰ社、２０１５）.
- Caballero, Ricardo J, Hoshi Takeo, and Kasyap, Anil K. (2008) "Zombie Lending and Depressed Restructuring in Japan" American Economic Review, ９８ (5): pp.1943-77.
- Cingano, Federico (2014) "Trends in Income Inequality and its Impact on Economic Growth" OECD Social, Employment and Migration Working Papers No. 163, OECD Publishing, 2014.
- Diamond, Jess, Kota Watanabe and Tsutomu Watanabe (2019) "The Formation of Consumer Inflation Expectations: New Evidence From Japan's Deflation Experience" Bank of Japan Working Paper Series No.19-E-13, August 2019.
- Eggertsson, Gauti B. and Neil R. Mehrotra (2014) "A Model of Secular Stagnation" NBER Working Papers No.20574, October 2014.
- Fernald, John G., Robert E. Hall, James H. Stock and Mark W.

Watson (2017) "THE DISAPPOINTING RECOVERY OF OUTPUT AFTER 2009" NBER Working Papers No.23543, June 2017.

- Frey, Carl B. and Michael A. Osborne (2013) "THE FUTURE OF EMPLOYMENT: HOW SUSCEPTIBLE ARE JOBS TO COMPUTERISATION?" Working Paper, Oxford Martin School, September 2013.
- Giavazzi, Francesco and Marco Pagano (1990) "Can Severe Fiscal Contractions be Expansionary? Tales of Two Small European Countries" NBER Macroeconomics Annual, MIT press, 1990.
- Goodhart, Charles and Manoj Pradhan (2020), *The Great Demographic Reversal: Ageing Societies, Waning Inequality, and an Inflation Revival*, Palgrave MacMillan, 2020（澁谷浩訳『人口大逆転　高齢化、インフレの再来、不平等の縮小』日経ＢＰ日本経済新聞出版、２０２２年）.
- Gordon, Robert J. (2016), *The Rise and Fall of American Growth: The U.S. Standard Living Since the Civil War,* Princeton University Press, 2016（高遠裕子・山岡由美訳『アメリカ経済　成長の終焉（上・下）』日経ＢＰ社、２０１８年）
- IMF (2017a), World Economic Outlook, April 2017: Gaining Momentum? April 2017.

―― (2017b), "Negative Interest Rate Policies｜Initial Experiences and Assessments" IMF Policy Paper, August 2017.

―― (2020), World Economic Outlook, October 2020: A Long and Difficult Ascent, October 2020.

- Kelton, Stephanie (2020), *The Deficit Myth: Modern Monetary Theory and the Birth of the People's Economy*, PublicAffairs of the Hachette Book Group（土方奈美訳『財政赤字の神話　ＭＭＴと国民のための経済の誕生』早川書房、２０２０年）
- Laubach, Thomas and John C. Williams (2003) "Measuring the Natural Rate of Interest" Review of Economics and Statistics 85, no.4, pp1063-70, November 2003.
- Mian, Atif and Amir Sufi (2014), *House of Debt: How They (and You) caused the Great Recession, and How We Can Prevent It from Happening Again*, Chicago University Press, 2014（岩本千晴訳『ハウス・オブ・デット　銀行でもなく、国家でもなく、個人を救え』東洋経済新報社、２０１５年）.
- Mian, Atif, Ludwig Straub, and Amir Sufi (2021), "The Saving Glut of the Rich" February, 2021. https://scholar.harvard.edu/files/straub/files/mss_richsavingglut.pdf
- OECD (2015), *In It Together: Why Less Inequality Benefits All*, OECD Publishing, May, 2015

• Ostry, Jonathan D., Andrew Berg, and Charalambos G. Tsangarides (2014) "Redistribution, Inequality, and Growth" IMF Staff Discussion Note, February 2014.

• Piketty, Thomas (2014), *Capital in the Twenty-First Century,* Harvard University Press（山形浩生・守岡桜・森本正史訳『21世紀の資本』みすず書房、２０１４年）.

• Powell, Jerome H. (2020), "New Economic Challenges and the Fed's Monetary Policy Review" Speech at "Navigating the Decade Ahead: Implications for Monetary Policy" an economic policy symposium sponsored by the Federal Reserve Bank of Kansas City, August 27, 2020.

• Reserve Bank of Australia (2022), "Review of the Yield Target" June 21, 2022.

• Rogoff, Kenneth S. (2016), *The Curse of Cash,* Princeton University Press（村井章子訳『現金の呪い　紙幣をいつ廃止するか?』日経ＢＰ社、２０１７年）

• Stein, Jeremy C. (2013), "Overheating in Credit Markets: Origins, Measurement, and Policy Responses" Speech at "Restoring Household Financial Stability after the Great Recession: Why Household Balance Sheets Matter" research symposium sponsored by the Federal Reserve Bank of St. Louis, February 07, 2013.

• Summers, Lawrence H. (2014) "U.S. Economic Prospects: Secular Stagnation, Hysteresis, and the Zero Lower Bound" Business Economics, Vol49, No.2, pp65-73, 2014.

—— (2016) "The Age of Secular Stagnation: What It is and What to Do About It" FOREIGN AFFAIRS, March/April 2016.

—— (2021) "The Biden stimulus is admirably ambitious. But it brings some big risks, too" The Washington Post, February 04,2021.

• Wray, Randall L. (2015), *Modern Mony Theory: A Primer on Macroeconomics for Sovereign Monetary Systems second edition,* Palgrave Macmillan（島倉原監訳『ＭＭＴ　現代貨幣理論入門』東洋経済新報社、２０１９年）

• Yellen, Janet (2016), "Macroeconomic Research After the Crisis" Speech at "The Elusive 'Great' Recovery: Causes and Implications for Future Business Cycle Dynamics" 60th annual economic conference sponsored by the Federal Reserve Bank of Boston, October 14, 2016.

著者略歴

門間一夫（もんま・かずお）

みずほリサーチ&テクノロジーズ・エグゼクティブエコノミスト。1957年生まれ。1981年東京大学経済学部卒業後、日本銀行入行。1988年ペンシルバニア大学ウォートン校経営大学院MBA取得。日銀では、調査統計局長、企画局長を経て2012年5月金融政策担当理事に就任し、白川方明総裁の下で「2%物価安定目標」の採択に至る局面を担当。2013年3月から国際担当理事として、G7やG20などの国際会議で黒田東彦総裁を補佐。2016年6月から現職。

日本経済の見えない真実
――低成長・低金利の「出口」はあるか

２０２２年９月20日　第１版第１刷発行
２０２３年１月10日　第１版第３刷発行

著　者　門間一夫
発行者　村上広樹
発　行　株式会社日経ＢＰ
発　売　株式会社日経ＢＰマーケティング
〒１０５－８３０８　東京都港区虎ノ門４－３－12
https://bookplus.nikkei.com/

装　丁　新井大輔
製　作　マーリンクレイン
印刷・製本　中央精版印刷

 ISBN978-4-296-00121-7
本書に関するお問い合わせ、ご質問は左記にて承ります。
https://nkbp.jp/booksQA